A Sous-Vide Mesterfogásai

Ínycsiklandó és Kreatív Receptek, hogy Mesterré válj a Sous-Vide Konyhaművészetben

Anna Kovács

Tartalom

Édes-savanyú csirkeszárny 9
Citrus csirkemell 11
Articsókkal töltött csirke 13
Ropogós csirke pakolás baconnel 14
Csirke szárított paradicsommal 15
Növényi csirke szójaszósszal. 17
Kínai csirke saláta mogyoróval 19
Paprikás csirke ebéd 21
Rozmaringos csirkepörkölt 22
Ropogós csirke gombával 23
Fűszerezett csirke vajas tökfőzelékkel 25
Koriander csirke mogyoróvajas mártással 27
Csirke és póréhagyma pörkölt 29
Mustáros csirkecomb 31
Csirkesaláta sajttal és csicseriborsóval 33
Komplex csirke sajttal 35
Kínai stílusú csirke 37
Oregánós csirkegombóc 38
Cornish tyúk tele rizzsel és bogyókkal 40
Sakkos csirke tekercs 42
Menta saláta csirkével és borsóval 44
Csirke fűszernövényekkel és gombás tejszínes szósszal 46
Ropogósra sült csirke 48
Zöld csirke saláta mandulával 50

Tej kókusz csirke ... 52
Római stílusú bacon és csirke étel ... 53
Cseresznyeparadicsom, avokádó és csirke saláta ... 54
Chilis csirke ... 56
Mézes ízű csirkeszárny ... 58
Zöld csirke curry tésztával ... 60
Pesto csirkefalatok avokádóval ... 62
Csirke golyók sajttal ... 64
Pulyka hamburger sajttal ... 66
Szalonnával és dióval töltött pulyka sonkába csomagolva ... 68
Cézár saláta tortilla tekercs pulykával ... 70
Zsályás pulykatekercs ... 72
Kakukkfű pulykamell ... 74
Burgerek pulyka húsgombóccal és pestoval ... 75
Pulykamell dióval ... 77
Fűszeres pulyka étel ... 79
Pulyka narancsszószban ... 80
Pulykacomb kakukkfűvel és rozmaringgal ... 82
Pulykamell szegfűszeggel ... 84
Kapros és rozmaringos pulykamell ... 85
Sült édes kacsa ... 86
Kacsamell t ... 88
Orange Goose Confit ... 90
Garnélás tészta citrommal és sajttal ... 92
Halibut édes sherryvel és miso mázzal ... 94
Ropogós lazac édes gyömbéres mázzal ... 96
Citrus hal kókuszszósszal ... 98

Lime-mal és petrezselyemmel buggyantott foltos tőkehal 100

Ropogós tilápia mustárral és juharmártással 102

Kardhal mustár 104

Fűszeres hal tortillák 105

Tonhal steak bazsalikommal 107

Kardhal és burgonyasaláta Kalamata olajbogyóval 109

Füstölt lazac 112

Fésűkagyló vajjal és pancettával 114

Tintahal linguine chilivel és citrommal 116

Rákhús lime-vajmártással 118

Északi stílusú gyors lazac 119

Ízletes pisztráng mustárral és tamari szósszal 120

Szezámos tonhal gyömbéres szósszal 121

Isteni ráktekercs fokhagymával és citrommal 123

Fűszeres elszenesedett polip citrommártással 125

Kreol garnélarákból készült kebab 127

Garnélarák fűszeres mártással 129

Halibut hagymával és tárkonnyal 130

Növényi vaj Lemon Cod 132

Horkants Beurre Nantais-szal 134

Tonhal pehely 136

Fésűkagyló vajban 137

Mentás szardínia 138

Tengeri keszeg fehérborban 139

Lazac és kelkáposzta saláta avokádóval 140

Gyömbéres lazac 142

Kagyló friss lime lében 143

Fűszernövényekben pácolt tonhal steak 144
Rák pogácsák 146
Chilis Smelts 148
Pácolt harcsa filé 150
Petrezselymes garnélarák citrommal 152
Sous Vide laposhal 153
Talp citromos vajjal 155
Tőkehal pörkölt bazsalikommal 157
Világos tilápia 158
Lazac spárgával 159
Curry makréla 160
Tintahal rozmaringgal 161
Sült citromos garnélarák 162
Grillezett polip 163
Vad lazac steakek 165
Tilapia pörkölt 166
Vajas kagylók borssal 168
Koriander Pisztráng 170
Tintahal gyűrűk 171
Chilis garnélarák és avokádó saláta 172
Vajas Vörös Snapper citrusos sáfránymártással 174
Tőkehal filé szezámhéjban 176
Tejszínes lazac spenóttal és mustáros szósszal 178
Paprikás kagyló friss salátával 180
Édes kagyló mangóval 182
Póréhagyma és garnélarák mustáros vinaigrette-vel 184
Kókuszos garnéla leves 186

Mézes lazac soba tésztával 188

Ínyenc homár majonézzel 190

Garnélaparti koktél 192

Herby citromos lazac 194

Sózott homárfarok vajjal 196

Thai lazac karfiollal és tojásos tésztával 197

Könnyű tengeri sügér kaporral 199

Édes chilis garnélarák keverve sütve 200

Gyümölcsös thai garnélarák 202

Dublini étel citromos garnélával 204

Lédús kagyló chilis és fokhagymás szósszal 206

Curry garnélarák tésztával 208

Fűszeres krémes tőkehal petrezselyemmel 209

Francia Pot de Rillettes lazaccal 211

Zsályás lazac kókuszos burgonyapürével 212

Kapros bébipolip tál 214

Sós lazac hollandi szószban 215

Csodálatos citromos bazsalikomos lazac 217

Édes-savanyú csirkeszárny

Elkészítés + főzési idő: 2 óra 15 perc | Adagok: 2

Hozzávalók

12 csirkeszárny
Só és fekete bors ízlés szerint
1 csésze csirkecserepes keverék
½ csésze vizet
½ csésze tamari szósz
½ apróra vágott hagyma
5 gerezd fokhagyma, felaprítva
2 teáskanál porított gyömbér
2 evőkanál barna cukor
¼ csésze mirin
Szezámmag díszítéshez
Kukoricakeményítő zabkása (1 evőkanál kukoricakeményítővel és 2 evőkanál vízzel keverve)
Olívaolaj a sütéshez

Utasítás

Készítsen vízfürdőt, és helyezze bele a Sous Vide-t. 147F-ra állítva.

A csirkeszárnyakat zárható zacskóba tesszük, sózzuk, borsozzuk. Engedje ki a levegőt a víz kinyomásával, zárja le és merítse vízfürdőbe a zacskót. 2 órán át főzzük. Az időzítő leállása után vegye ki a zsákot. Egy serpenyőt olajjal felhevítünk.

Egy tálban keverjünk össze 1/2 csésze sült keveréket és 1/2 csésze vizet. A maradék sütőkeveréket egy másik tálba öntjük. Mártsuk a szárnyakat a nedves keverékbe, majd a száraz keverékbe. 1-2 percig sütjük, amíg ropogós és aranybarna nem lesz.

A szószhoz melegítsük fel az edényt, és öntsük bele az összes hozzávalót; buborékolásig főzzük. Keverje hozzá a szárnyakat. Megszórjuk szezámmaggal és tálaljuk.

Citrus csirkemell

Elkészítés + főzési idő: 3 óra | Adagok: 2

Hozzávalók

1½ evőkanál frissen facsart narancslé

1½ evőkanál frissen facsart citromlé

1½ evőkanál barna cukor

1 evőkanál Pernod

1 evőkanál olívaolaj

1 evőkanál teljes kiőrlésű gabonát

1 teáskanál zellermag

Sózzuk ízlés szerint

¾ teáskanál fekete bors

2 csirkemell, csontos, bőrös

1 édeskömény, vágva, szeletelve

2 klementin hámozatlanul és felszeletelve

Apróra vágott kapor

Utasítás

Készítsen vízfürdőt, és helyezze bele a Sous Vide-t. 146F-ra állítva.

Egy tálban összekeverjük a citromlevet, a narancslevet, a Pernodot, az olívaolajat, a zellermagot, a barna cukrot, a mustárt, a sót és a borsot. Jól összekeverni. A csirkemellet, a felszeletelt klementint és a szeletelt édesköményt egy visszazárható zacskóba tesszük. Adjuk hozzá a narancsos keveréket. Engedje ki a levegőt a víz kinyomásával, zárja le és merítse vízfürdőbe a zacskót. 2 óra 30 percig főzzük. Az időzítő leállása után vegye ki a zacskót, és tegye át a tartalmát egy tálba. A csirkét lecsepegtetjük, és a főzőlevet fűtött edénybe tesszük.

Körülbelül 5 percig főzzük, amíg buborékos nem lesz. Kivesszük és beletesszük a csirkébe. 6 perc alatt aranybarnára sütjük. A csirkét tányéron tálaljuk, és ráöntjük a szószt. Díszítsük kaporral és édesköménylevéllel.

Articsókkal töltött csirke

Elkészítés + főzési idő: 3 óra 15 perc | Adagok: 6

Hozzávalók:

2 kilogramm csirkemell filé, pillangóra vágva
½ csésze apróra vágott bébispenót
8 zúzott fokhagyma
10 articsóka szív
Só és fehér bors ízlés szerint
4 evőkanál olívaolaj

Utasítás:

Az articsókát, a borsot és a fokhagymát robotgépben összekeverjük. Keverjük teljesen simára. Ismét keverjük össze, és fokozatosan adjuk hozzá az olajat, amíg jól össze nem áll.

Töltsön meg minden mellet egyenlő mennyiségű articsóka keverékkel és apróra vágott babaspenóttal. Hajtsa vissza a mellfilét és rögzítse a szélét fa nyárssal. Ízesítsük sóval és fehér borssal, majd tegyük külön zacskóba, amely vákuummal lezárható. Zárja le a zacskókat, és főzze a Sous Vide-t 3 órán keresztül 149 F-on.

Ropogós csirke pakolás baconnel

Elkészítés + főzési idő: 3 óra 15 perc | Adagok: 2

Hozzávalók

1 csirkemell
2 csík pancetta
2 evőkanál dijoni mustár
1 evőkanál reszelt Pecorino Romano sajt

Utasítás

Készítsen vízfürdőt, és helyezze bele a Sous Vide-t. Állítsa 146 F-ra. Keverje össze a csirkét sóval. Mindkét oldalon pácoljuk dijoni mustárral. A tetejére Pecorino Romano sajtot teszünk, és a pancettát a csirke köré tekerjük.

Tegye egy vákuummal lezárható zacskóba. Engedje ki a levegőt a víz kinyomásával, zárja le és merítse vízfürdőbe a zacskót. 3 órán át főzzük. Az időzítő leállása után vegye ki a csirkét, és törölje szárazra. Melegíts fel egy serpenyőt közepes lángon, és süsd ropogósra.

Csirke szárított paradicsommal

Elkészítés + főzési idő: 1 óra 15 perc | Adagok: 3

Hozzávalók:

1 kiló csirkemell, bőr és csont nélkül
½ csésze szárított paradicsom
1 teáskanál nyers méz
2 evőkanál friss citromlé
1 evőkanál friss menta, finomra vágva
1 evőkanál darált medvehagyma
1 evőkanál olívaolaj
Só és fekete bors ízlés szerint

Utasítás:

Öblítse le a csirkemellet folyó hideg víz alatt, és szárítsa meg konyhai papírral. Félretesz, mellőz.

Egy közepes tálban keverje össze a citromlevet, a mézet, a mentát, a medvehagymát, az olívaolajat, a sót és a borsot. Keverjük jól össze. Hozzáadjuk a csirkemellet és a szárított paradicsomot. Rázza fel, hogy minden jól bevonja. Tegyen mindent egy nagy, visszazárható zacskóba. Nyomja meg a zacskót a levegő eltávolításához, és zárja le a fedelet. Főzzük a Sous Vide-t 1 órán át 167 F-on. Vegye ki a vízfürdőből, és azonnal tálalja.

Növényi csirke szójaszósszal.

Elkészítés + főzési idő: 6 óra 25 perc | Adagok: 4

Hozzávalók

1 egész csirke csontokkal, csavarva

1 liter alacsony nátriumtartalmú csirkealaplé

2 evőkanál szójaszósz

5 szál friss zsálya

2 száraz babérlevél

2 csésze szeletelt sárgarépa

2 csésze szeletelt zeller

½ oz szárított gomba

3 evőkanál vaj

Utasítás

Készítsen vízfürdőt, és helyezze bele a Sous Vide-t. 149F-ra állítva.

Keverje össze a szójaszószt, a csirkehúslevet, a fűszernövényeket, a zöldségeket és a csirkét. Tegye egy vákuummal lezárható zacskóba. Engedje ki a levegőt a víz kinyomásával, zárja le és merítse vízfürdőbe a zacskót. 6 órán át főzzük.

Az időzítő leállása után vegye ki a csirkét, és csepegtesse le a zöldségeket. Szárítsa meg tálcával. Olívaolajjal, sóval, borssal ízesítjük. Melegítsük elő a sütőt 450 F.-ra, és süssük 10 percig. Az edényben elkeverjük a főzőlevet. Levesszük a tűzről és összekeverjük a vajjal. A csirkét bőr nélkül felszeleteljük, kóser sóval és őrölt fekete borssal ízesítjük. Tányéron tálaljuk. Felöntjük a szósszal.

Kínai csirke saláta mogyoróval

Elkészítés + főzési idő: 1 óra 50 perc | Adagok: 4

Hozzávalók

4 nagy bőr és csont nélküli csirkemell
Só és fekete bors ízlés szerint
¼ csésze méz
¼ csésze szójaszósz
3 evőkanál mogyoróvaj, olvasztott
3 evőkanál szezámolaj
2 evőkanál növényi olaj
4 teáskanál ecet
½ teáskanál füstölt paprika
1 fej jégsaláta, tépve
3 újhagyma apróra vágva
¼ csésze apróra vágott mogyoró, pirítva
¼ csésze pirított szezámmag
2 csésze wonton csík

Utasítás

Készítsen vízfürdőt, és helyezze bele a Sous Vide-t. 152F-ra állítva.

Keverjük össze a csirkét sóval, borssal és tegyük vákuumzacskóba. Engedje ki a levegőt a víz kinyomásával, zárja le és merítse vízfürdőbe a zacskót. 90 percig főzzük.

Közben keverje össze a mézet, a szójaszószt, a mogyoróvajat, a szezámolajat, a növényi olajat, az ecetet és a paprikát. Keverjük simára. Hűtőben hagyjuk kihűlni.

Az időzítő leállása után vegye ki a csirkét, és törölje szárazra konyharuhával. Öntse ki a főzőlevet. A csirkemellet apró szeletekre vágjuk, és egy salátástálba tesszük. Hozzáadjuk a salátát, az újhagymát és a mogyorót. Ráöntjük az öntetet. Díszítsük szezámmaggal és wonton csíkokkal.

Paprikás csirke ebéd

Elkészítés + főzési idő: 1 óra 15 perc | Adagok: 2

Hozzávalók

1 csont nélküli csirkemell, félbevágva
Só és fekete bors ízlés szerint
Bors ízlés szerint
1 evőkanál paprika
1 evőkanál fokhagyma por

Utasítás

Készítsen vízfürdőt, és helyezze bele a Sous Vide-t. Állítsuk 149 F-ra. Csöpörjük le a csirkét, és egy sütőlapon szárítsuk meg. Fokhagymaporral, paprikával, borssal és sóval ízesítjük. Tegye egy vákuummal lezárható zacskóba. Engedje ki a levegőt a víz kinyomásával, zárja le és merítse vízfürdőbe. 1 órán át főzzük. Az időzítő leállása után vegye ki a csirkét, és tálalja.

Rozmaringos csirkepörkölt

Elkészítés + főzési idő: 4 óra 15 perc | Adagok: 2

Hozzávalók

2 csirkecomb
6 gerezd zúzott fokhagyma
¼ teáskanál egész fekete bors
2 babérlevél
¼ csésze sötét szójaszósz
¼ csésze fehér ecet
1 evőkanál rozmaring

Utasítás

Készítsen vízfürdőt, és helyezze bele a Sous Vide-t. Állítsa 165 F-ra. Keverje össze a csirkecombokat az összes hozzávalóval. Tegye egy vákuummal lezárható zacskóba. Engedje ki a levegőt a víz kinyomásával, zárja le és merítse vízfürdőbe. 4 órán át főzzük.

Az időzítő leállása után vegye ki a csirkét, dobja ki a babérlevelet, és tartsa le a főzőlevet. Egy serpenyőben közepes lángon hevítsük fel a repceolajat, és süssük meg a csirkét. Hozzáadjuk a főzőlevet, és addig főzzük, amíg el nem érjük a kívánt állagot. A szószt leszűrjük és megtöltjük a csirkét.

Ropogós csirke gombával

Elkészítés + főzési idő: 1 óra 15 perc | Adagok: 4

Hozzávalók

4 csont nélküli csirkemell
1 csésze panko zsemlemorzsa
1 font szeletelt portobello gomba
Egy kis csokor kakukkfű
2 tojás
Só és fekete bors ízlés szerint
Repceolaj ízlés szerint

Utasítás

Készítsen vízfürdőt, és helyezze bele a Sous Vide-t. 149F-ra állítva.

Helyezze a csirkét egy vákuummal zárható zacskóba. Sóval és kakukkfűvel ízesítjük. Engedje ki a levegőt a víz kinyomásával, zárja le és merítse vízfürdőbe. 60 percig főzzük.

Közben egy serpenyőt közepes lángon felforrósítunk. Főzzük a gombát, amíg a víz el nem párolog. Adjunk hozzá 3-4 szál kakukkfüvet. Sózzuk és borsozzuk. Az időzítő leállása után vegye ki a zsákot.

Melegíts fel egy serpenyőt olajjal közepes lángon. Keverjük össze a pankót sóval és borssal. A csirkét rétegezzük a panko keverékbe. Mindkét oldalát 1-2 percig sütjük. Gombával tálaljuk.

Fűszerezett csirke vajas tökfőzelékkel

Elkészítés + főzési idő: 1 óra 15 perc | Adagok: 2

Hozzávalók

6 csirke filé
4 csésze vajtök, felkockázva és megpirítva
4 csésze rukkola
4 evőkanál szeletelt mandula
1 citrom leve
2 evőkanál olívaolaj
4 evőkanál vöröshagyma apróra vágva
1 evőkanál paprika
1 evőkanál kurkuma
1 evőkanál kömény
Sózzuk ízlés szerint

Utasítás

Készítsen vízfürdőt, és helyezze bele a Sous Vide-t. 138F-ra állítva.

Helyezze a csirkét és az összes fűszert egy visszazárható zacskóba. Engedje ki a levegőt a víz kinyomásával, zárja le és merítse vízfürdőbe. 60 percig főzzük.

Az időzítő leállása után vegye ki a zacskót, és tegye át a csirkét a forró serpenyőbe. Oldalanként 1 percig sütjük. A többi hozzávalót egy tálban összekeverjük. A csirkét a salátával tálaljuk.

Koriander csirke mogyoróvajas mártással

Elkészítés + főzési idő: 1 óra 40 perc | Adagok: 2

Hozzávalók

4 csirkemell
1 zacskó vegyes saláta
1 csokor koriander
2 uborka
2 sárgarépa
1 csomag wonton csomagolóanyag
Olaj a sütéshez
¼ csésze mogyoróvaj
1 lime leve
2 evőkanál apróra vágott koriander
3 gerezd fokhagyma
2 evőkanál friss gyömbér
½ csésze vizet
2 evőkanál fehér ecet
1 evőkanál szójaszósz
1 teáskanál halszósz
1 teáskanál szezámolaj
3 evőkanál repceolaj

Utasítás

Készítsen vízfürdőt, és helyezze bele a Sous Vide-t. Állítsa 149 F-ra. Fűszerezze a csirkét sóval és borssal, és helyezze egy vákuummal lezárható zacskóba. Engedje ki a levegőt a víz kinyomásával, zárja le és merítse vízfürdőbe a zacskót. 60 percig főzzük. Az uborkát, a koriandert és a sárgarépát felaprítjuk, és a salátához keverjük.

Melegítsen fel egy edényt 350 F-ra, és töltse meg olajjal. A wontonokat darabokra vágjuk, és ropogósra sütjük. Tegye a mogyoróvajat, a lime levét, a friss gyömbért, a koriandert, a vizet, a fehér ecetet, a halszószt, a szójaszószt, a szezámmagot és a repceolajat egy konyhai robotgépbe. Keverjük simára.

Amikor az időzítő lejár, vegye ki a csirkét, és tegye át a forró serpenyőbe. Oldalanként 30 másodpercig sütjük. Keverjük össze a wonton csíkokat a salátával. A csirkét felszeleteljük. A saláta tetejére tálaljuk. Ráöntjük az öntetet.

Csirke és póréhagyma pörkölt

Elkészítés + főzési idő: 70 perc | Adagok: 4

Hozzávalók

6 bőr nélküli csirkemell
Só és fekete bors ízlés szerint
3 evőkanál vaj
1 nagy póréhagyma, keresztben felszeletelve
½ csésze panko
2 evőkanál apróra vágott petrezselyem
1 oz Copoundy Jack sajt
1 evőkanál olívaolaj

Utasítás

Készítsen vízfürdőt, és helyezze bele a Sous Vide-t. 146F-ra állítva.

Tegye a csirkemelleket egy vákuummal zárható zacskóba. Sózzuk és borsozzuk. Engedje ki a levegőt a víz kinyomásával, zárja le és merítse vízfürdőbe. 45 percig főzzük.

Közben egy serpenyőt vajjal nagy lángon felforrósítunk, és megfőzzük a póréhagymát. Sózzuk és borsozzuk. Jól összekeverni. Csökkentse a hőt, és hagyja főni 10 percig.

Melegíts fel egy serpenyőt közepes lángon vajjal, és add hozzá a pankót. Pirításig főzzük. Tegyük át egy tálba, és keverjük össze cheddar sajttal és apróra vágott petrezselyemmel. Miután az időzítő leállt, távolítsa el a melleket, és szárítsa meg őket. Egy serpenyőt erős lángon olívaolajjal felhevítünk, és mindkét oldalát 1 percig sütjük. Póréhagymára tálaljuk, és panko keverékkel díszítjük.

Mustáros csirkecomb

Elkészítés + főzési idő: 2 óra 30 perc | Adagok: 4

Hozzávalók

4 egész csirkecomb
Só és fekete bors ízlés szerint
2 evőkanál olívaolaj
2 medvehagyma, vékonyra szeletelve
3 gerezd fokhagyma, vékonyra szeletelve
½ csésze száraz fehérbor
1 csésze csirke alaplé
¼ csésze teljes kiőrlésű mustár
1 csésze fél és fél tejszín
1 teáskanál kurkuma
2 evőkanál friss tárkony, darálva
1 evőkanál friss kakukkfű, darálva

Utasítás

Készítsen vízfürdőt, és helyezze bele a Sous Vide-t. Állítsa 172 F-ra. Fűszerezze a csirkét sóval és borssal. Egy serpenyőben erős lángon hevítsük fel az olívaolajat, és süssük meg a csirkecombokat 5-7 percig. Féleltesz, mellőz.

Adja hozzá a medvehagymát és a fokhagymát ugyanabba a serpenyőbe. 5 percig főzzük. Adjuk hozzá a fehérbort és főzzük 2 percig, amíg habos nem lesz. Vegyük ki és öntsük bele a csirkehúslevet és a mustárt.

A mustáros szószt összekeverjük a csirkével, és vákuumzacskóba tesszük. Engedje ki a levegőt a víz kinyomásával, zárja le és merítse vízfürdőbe. 2 órán át főzzük.

Ha az időzítő leáll, vegye ki a zacskót, tegye félre a csirkét, és válassza szét a főzőfolyadékokat. A felforrósított edénybe tedd a főzőfolyadékot és a fele tejszínt. Főzzük, amíg buborékos és félig elpárolog. A tűzről leveve belekeverjük a tárkonyt, a kurkumát, a kakukkfüvet és a csirkecombokat. Jól összekeverni. Sóval, borssal ízesítjük és tálaljuk.

Csirkesaláta sajttal és csicseriborsóval

Elkészítés + főzési idő: 1 óra 30 perc | Adagok: 2

Hozzávalók

6 csont nélküli és bőr nélküli csirkemell filé
4 evőkanál olívaolaj
2 evőkanál forró szósz
1 teáskanál őrölt kömény
1 teáskanál világos barna cukor
1 teáskanál őrölt fahéj
Só és fekete bors ízlés szerint
1 doboz lecsepegtetett csicseriborsó
½ csésze morzsolt feta sajt
½ csésze morzsolt queso fresco sajt
½ csésze apróra vágott bazsalikom
½ csésze frissen tépett menta
4 teáskanál fenyőmag, pirítva
2 teáskanál méz
2 teáskanál frissen facsart citromlé

Utasítás

Készítsen vízfürdőt, és helyezze bele a Sous Vide-t. Állítsa 138 F-ra. Helyezze a csirkemelleket, 2 evőkanál olívaolajat, forró szószt, barna cukrot, köményt és fahéjat egy visszazárható zacskóba. Sózzuk és borsozzuk. Engedje ki a levegőt a víz kinyomásával, zárja le és merítse vízfürdőbe a zacskót. 75 percig főzzük.

Közben egy tálban keverjük össze a csicseriborsót, a bazsalikomot, a queso frescot, a mentát és a fenyőmagot. Öntsünk mézet, citromlevet és 2 evőkanál olívaolajat. Sózzuk és borsozzuk. Az időzítő leállása után vegye ki a csirkét, és vágja darabokra. Öntse ki a főzőlevet. Keverjük össze a salátát és a csirkét, jól keverjük össze és tálaljuk.

Komplex csirke sajttal

Elkészítés + főzési idő: 60 perc | Adagok: 2

Hozzávalók

2 csont nélküli és bőr nélküli csirkemell
Só és fekete bors ízlés szerint
2 teáskanál vaj
4 csésze saláta
1 nagy paradicsom, szeletelve
1 oz cheddar sajt, szeletelve
2 evőkanál vöröshagyma, kockákra vágva
Friss bazsalikom levelek
1 evőkanál olívaolaj
2 szelet citrom a tálaláshoz

Utasítás

Készítsen vízfürdőt, és helyezze bele a Sous Vide-t. 146F-ra állítva.

Helyezze a csirkét egy vákuummal zárható zacskóba. Sózzuk és borsozzuk. Engedje ki a levegőt a víz kinyomásával, zárja le és merítse vízfürdőbe a zacskót. 45 percig főzzük.

Az időzítő leállása után vegye ki a csirkét, és öntse ki a főzőlevet. Egy serpenyőt vajjal nagy lángon felhevítünk. A csirkét aranybarnára sütjük. Tegyük át egy tálaló tányérra. Helyezze a salátát a csirke közé, és szórja meg paradicsommal, lilahagymával, cheddar sajttal és bazsalikommal. Meglocsoljuk olívaolajjal, sózzuk, borsozzuk. Citromkarikákkal tálaljuk.

Kínai stílusú csirke

Elkészítés + főzési idő: 1 óra 35 perc | Adagok: 6

Hozzávalók

1½ font csirkemell, csont nélkül és bőr nélkül
¼ csésze hagyma, finomra vágva
2 evőkanál Worcestershire szósz
1 kanál méz
1 teáskanál szezámolaj
1 gerezd fokhagyma, felaprítva
¾ teáskanál kínai ötfűszeres por

Utasítás

Készítsen vízfürdőt, és helyezze bele a Sous Vide-t. 146F-ra állítva.

Helyezze a csirkét, a hagymát, a mézet, a Worcestershire szószt, a szezámolajat, a fokhagymát és az öt fűszert egy vákuumos zárható zacskóba. Engedje ki a levegőt a víz kinyomásával, zárja le és merítse vízfürdőbe a zacskót. 75 percig főzzük. Melegítsünk fel egy serpenyőt közepes lángon. Az időzítő leállása után vegye ki a zacskót és helyezze a serpenyőbe. 5 perc alatt aranybarnára sütjük. A csirkét medalionokra vágjuk.

Oregánós csirkegombóc

Elkészítés + főzési idő: 2 óra 20 perc | Adagok: 4

Hozzávalók

1 kiló darált csirke

1 evőkanál olívaolaj

2 gerezd fokhagyma, felaprítva

1 teáskanál friss oregánó, darálva

Sózzuk ízlés szerint

1 evőkanál kömény

½ teáskanál reszelt citromhéj

½ teáskanál fekete bors

¼ csésze panko zsemlemorzsa

citrom szeleteket

Utasítás

Készítsen vízfürdőt, és tegye bele a Sous Vide-t. Állítsa 146 F-ra. Egy tálban keverje össze az őrölt csirkét, fokhagymát, olívaolajat, oregánót, citromhéjat, köményt, sót és borsot. Készítsen kézzel legalább 14 húsgombócot. A húsgombócokat vákuummal zárható zacskóba tesszük. Engedje ki a levegőt a víz kinyomásával, zárja le és merítse vízfürdőbe a zacskót. 2 órán át főzzük.

Az időzítő leállása után vegyük ki a zacskót, és helyezzük át a húsgombócokat egy fóliával bélelt tepsibe. Melegítsük fel a serpenyőt közepes lángon, és süssük meg a húsgombócokat 7 percig. A tetejére citromszeleteket helyezünk.

Cornish tyúk tele rizzsel és bogyókkal

Elkészítés + főzési idő: 4 óra 40 perc | Adagok: 2

Hozzávalók

2 egész cornwalli őz
4 evőkanál vaj plusz 1 evőkanál extra
2 csésze shitake gomba, vékonyra szeletelve
1 csésze póréhagyma, apróra vágva
¼ csésze pekándió, apróra vágva
1 evőkanál friss kakukkfű, darálva
1 csésze főtt vadrizs
¼ csésze szárított áfonya
1 kanál méz

Utasítás

Készítsen vízfürdőt, és helyezze bele a Sous Vide-t. 149F-ra állítva.

Egy serpenyőben közepes lángon hevíts fel 4 evőkanál vajat, ha felolvadt, add hozzá a gombát, a kakukkfüvet, a póréhagymát és a pekándiót. 5-10 percig főzzük. Adjunk hozzá rizst és áfonyát. Vegyük le a tűzről. 10 percig hűlni hagyjuk. Töltsük meg a csirke üregét a keverékkel. Hozd össze a lábaidat.

Helyezze a csirkéket egy vákuummal zárható zacskóba. Engedje ki a levegőt víznyomásos módszerrel, zárja le és merítse a zacskót a fürdőbe. 4 órán át főzzük. Egy serpenyőt erős lángon felhevítünk. Egy tálban keverj össze mézet és 1 evőkanál olvasztott vajat. Ráöntjük a csirkékre. A csirkéket 2 percig sütjük, és tálaljuk.

Sakkos csirke tekercs

Elkészítés + főzési idő: 1 óra 45 perc | Adagok: 2

Hozzávalók

1 csirkemell
¼ csésze krémsajt
¼ csésze juliened sült pirospaprika
½ csésze lazán csomagolt rukkola
6 szelet prosciutto
Só és fekete bors ízlés szerint
1 evőkanál olaj

Utasítás

Készítsen vízfürdőt, és tegye bele a Sous Vide-t. Állítsa 155 F-ra. Drain csirke és font, amíg finomra darálják. Ezután félbevágjuk és sóval, borssal ízesítjük. Kenjünk a tetejére 2 evőkanál krémsajtot, és adjunk hozzá pirított pirospaprikát és rukkolát.

Tekerjük fel a mellet, mint a sushit, és tegyünk rá 3 réteg prosciuttót, és tekerjük a mellét. Tegye egy vákuummal lezárható zacskóba. Engedje ki a levegőt a víz kinyomásával, zárja le és merítse vízfürdőbe. 90 percig főzzük. Az időzítő leállása után vegye ki a csirkét a zacskóból, és süsse meg. Finomra szeleteljük és tálaljuk.

Menta saláta csirkével és borsóval

Elkészítés + főzési idő: 1 óra 30 perc | Adagok: 2

Hozzávalók

6 csont nélküli csirkemell filé
4 evőkanál olívaolaj
Só és fekete bors ízlés szerint
2 csésze blansírozott borsó
1 csésze menta, frissen tépve
½ csésze morzsolt queso fresco sajt
1 evőkanál frissen facsart citromlé
2 teáskanál méz
2 teáskanál vörösborecet

Utasítás

Készítsen vízfürdőt, és helyezze bele a Sous Vide-t. 138F-ra állítva.

Helyezze a csirkét az olívaolajjal egy visszazárható zacskóba. Sózzuk és borsozzuk. Engedje ki a levegőt a víz kinyomásával, zárja le és merítse vízfürdőbe a zacskót. 75 percig főzzük.

Egy tálban keverjük össze a borsót, a queso frescot és a mentát. Keverjük össze a citromlevet, a borecetet, a mézet és a 2 evőkanál olívaolajat. Sózzuk és borsozzuk.

Ha kész, kivesszük a csirkemellet és felszeleteljük. Dobja ki a főzőfolyadékot. Szolgál.

Csirke fűszernövényekkel és gombás tejszínes szósszal

Elkészítés + főzési idő: 4 óra 15 perc | Adagok: 2

Hozzávalók

A csirkéhez

2 bőr és csont nélküli csirkemell
Sózzuk ízlés szerint
1 evőkanál kapor
1 evőkanál kurkuma
1 teáskanál növényi olaj

A szószhoz

3 apróra vágott medvehagyma
2 gerezd apróra vágott fokhagyma
1 teáskanál olívaolaj
2 evőkanál vaj
1 csésze szeletelt gomba
2 evőkanál portói bor
½ csésze csirke alaplé
1 csésze kecskesajt
¼ teáskanál őrölt fekete bors

Utasítás

Készítsen vízfürdőt, és helyezze bele a Sous Vide-t. Állítsa 138 F-ra. Helyezze a sóval és borssal fűszerezett csirkét egy vákuummal zárható zacskóba. Engedje ki a levegőt a víz kinyomásával, zárja le és merítse vízfürdőbe a zacskót. 4 órán át főzzük.

Az időzítő leállása után vegye ki a zacskót, és helyezze át a jégfürdőbe. Hagyja kihűlni és megszáradni. Félretesz, mellőz. Egy serpenyőben erős lángon felhevítjük az olajat, hozzáadjuk a medvehagymát, és 2-3 percig főzzük. Adjuk hozzá a vajat, a kaprot, a kurkumát és a fokhagymát, főzzük további 1 percig. Adjuk hozzá a gombát, a bort és az alaplevet. 2 percig főzzük, majd felöntjük a tejszínnel. Folytassa a főzést, amíg a szósz besűrűsödik. Sózzuk és borsozzuk. A grillt füstölésig melegítjük. A csirkét megkenjük olajjal, és mindkét oldalát 1 percig sütjük. Felöntjük a szósszal.

Ropogósra sült csirke

Elkészítés + főzési idő: 2 óra | Adagok: 4

Hozzávalók

8 db csirkecomb
Só és fekete bors ízlés szerint

<u>Nedves keverékhez</u>
2 csésze szójatej
1 evőkanál citromlé

<u>Száraz keverékhez</u>
1 csésze liszt
1 csésze rizsliszt
½ csésze kukoricakeményítő
2 evőkanál paprika
1 evőkanál gyömbér
Só és fekete bors ízlés szerint

Utasítás

Készítsen vízfürdőt, és helyezze bele a Sous Vide-t. Állítsa 154 F-ra. Helyezze a borssal és sóval fűszerezett csirkét egy vákuummal lezárható zacskóba. Engedje ki a levegőt a víz kinyomásával, zárja le és merítse vízfürdőbe. 1 órán át főzzük.

Az időzítő leállása után vegye ki a zsákot. 15 percig hűlni hagyjuk. Melegítsen fel egy serpenyőt olajjal 400-425 F-ra. Egy tálban keverje össze a szójatejet és a citromlevet, hogy nedves keveréket kapjon. Egy másik tálban keverje össze a fehérjelisztet, a rizslisztet, a kukoricakeményítőt, a gyömbért, a paprikát, a sót és az őrölt paprikát, hogy száraz keveréket kapjon.

Mártsuk a csirkét a száraz keverékbe, majd a nedves keverékbe. Ismételje meg még 2-3 alkalommal. Sütőrácsba tesszük. Ismételje meg az eljárást, amíg a csirke elkészül. 3-4 percig sütjük a csirkét. Tegyük félre, hagyjuk hűlni 10-15 percig. A tetejét citromszeletekkel és szósszal megkenjük.

Zöld csirke saláta mandulával

Elkészítés + főzési idő: 95 perc | Adagok: 2

Hozzávalók

2 csirkemell, bőr nélkül
Só és fekete bors ízlés szerint
1 csésze mandula
1 evőkanál olívaolaj
2 evőkanál cukor
4 piros chili, vékonyra szeletelve
1 gerezd fokhagyma, meghámozva
3 evőkanál halszósz
2 teáskanál frissen facsart lime lé
1 csésze apróra vágott koriander
1 újhagyma, vékonyra szeletelve
1 citromfű szár, csak fehér része, szeletelve
1 db 2 hüvelykes gyömbér, juliened

Utasítás

Készítsen vízfürdőt, és helyezze bele a Sous Vide-t. Állítsa 138 F-ra. Helyezze a sóval és borssal fűszerezett csirkét egy vákuummal zárható zacskóba. Engedje ki a levegőt a víz kinyomásával, zárja le és merítse vízfürdőbe a zacskót. 75 percig főzzük.

60 perc elteltével melegítse fel az olívaolajat egy edényben 350 F-ra. A mandulát 1 percig pirítsa, amíg meg nem szárad. Keverjük össze a cukrot, a fokhagymát és a chilit. Öntsük bele a halszószt és a lime levét.

Ha kész, vegyük ki a zacskót és hagyjuk kihűlni. A csirkemellet darabokra vágjuk és egy tálba tesszük. Öntsük az öntettel és jól keverjük össze. Adjuk hozzá a koriandert, a gyömbért, a citromfüvet és a pirított mandulát. Díszítsük chilivel és tálaljuk.

Tej kókusz csirke

Elkészítés + főzési idő: 75 perc | Adagok: 2

Hozzávalók

2 csirkemell
4 evőkanál kókusztej
Só és fekete bors ízlés szerint

<u>A szószhoz</u>
4 evőkanál satay szósz
2 evőkanál kókusztej
Egy kis tamari szósz

Utasítás

Készítsen vízfürdőt, és helyezze bele a Sous Vide-t. 138F-ra állítva.

Helyezze a csirkét egy zárható zacskóba, és ízesítse sóval, borssal. Adjunk hozzá 4 evőkanál tejet. Engedje ki a levegőt a víz kinyomásával, zárja le és merítse vízfürdőbe a zacskót. 60 percig főzzük.

Az időzítő leállása után vegye ki a zsákot. Keverje össze a szósz hozzávalóit, és tegye mikrohullámú sütőbe 30 másodpercig. A csirkét felszeleteljük. Tányéron tálaljuk, és mártással lefedjük.

Római stílusú bacon és csirke étel

Elkészítés + főzési idő: 1 óra 40 perc | Adagok: 4

Hozzávalók

4 kis csirkemell, csont és bőr nélkül
8 zsályalevél
4 szelet vékonyra szeletelt szalonna
Fekete bors ízlés szerint
1 evőkanál olívaolaj
2 oz reszelt fontina sajt

Utasítás

Készítsen vízfürdőt, és helyezze bele a Sous Vide-t. Állítsa 146 F-ra. Fűszerezze a csirkét sóval és borssal. A tetejére tegyünk 2 zsályalevelet és 1 szelet szalonnát. Tedd őket egy vákuummal lezárható zacskóba. Engedje ki a levegőt a víz kinyomásával, zárja le és merítse vízfürdőbe a zacskót. 90 percig főzzük.

Az időzítő leállása után vegye ki a zacskót és szárítsa meg. Egy serpenyőben erős lángon hevítsd fel az olajat, és süsd meg a csirkét 1 percig. A csirkét megfordítjuk, és megszórjuk 1 evőkanál fontina sajttal. Fedjük le a serpenyőt, és hagyjuk, hogy a sajt elolvadjon. A csirkét tányéron tálaljuk, és zsályalevelekkel díszítjük.

Cseresznyeparadicsom, avokádó és csirke saláta

Elkészítés + főzési idő: 1 óra 30 perc | Adagok: 2

Hozzávalók

1 csirkemell
1 avokádó, szeletelve
10 darab félbevágott koktélparadicsom
2 csésze apróra vágott saláta
2 evőkanál olívaolaj
1 evőkanál lime lé
1 gerezd fokhagyma, zúzott
Só és fekete bors ízlés szerint
2 teáskanál juharszirup

Utasítás

Készítsen vízfürdőt, és helyezze bele a Sous Vide-t. Állítsa 138 F-ra. Helyezze a csirkét egy vákuummal lezárható zacskóba. Sózzuk és borsozzuk. Engedje ki a levegőt a víz kinyomásával, zárja le és merítse vízfürdőbe a zacskót. 75 percig főzzük.

Az időzítő leállása után vegye ki a csirkét. Egy serpenyőben közepes lángon hevítsük fel az olajat. 30 másodpercig sütjük a mellet, és szeleteljük. Egy tálban keverjük össze a fokhagymát, a lime levét, a juharszirupot és az olívaolajat. Hozzáadjuk a salátát, a koktélparadicsomot és az avokádót. Jól összekeverni. Tegye a salátát egy tányérra, és tegye rá a csirkét.

Chilis csirke

Elkészítés + főzési idő: 2 óra 15 perc | Adagok: 2

Hozzávalók

4 csirkecomb
2 evőkanál olívaolaj
Só és fekete bors ízlés szerint
1 gerezd fokhagyma, zúzott
3 evőkanál halszósz
¼ csésze limelé
1 evőkanál cukor
3 evőkanál apróra vágott bazsalikom
3 evőkanál apróra vágott koriander
2 piros chili (mag nélküli), apróra vágva
1 evőkanál édes chili szósz
1 evőkanál zöld chili szósz

Utasítás

Készítsen vízfürdőt, és helyezze bele a Sous Vide-t. Állítsa 149 F-ra. Csomagolja be a csirkét fóliába, és hagyja kihűlni. Olívaolajjal, sóval és borssal vákuumzacskóba tesszük. Engedje ki a levegőt a víz kinyomásával, zárja le és merítse vízfürdőbe a zacskót. 2 órán át főzzük.

Az időzítő leállása után kivesszük a csirkét, és 4-5 részre vágjuk. Egy serpenyőben közepes lángon felhevítjük a növényi olajat, és ropogósra sütjük. Az öntet összes hozzávalóját egy tálban összekeverjük és félretesszük. A csirkét tálaljuk, megsózzuk és ráöntjük az öntetet.

Mézes ízű csirkeszárny

Elkészítés + főzési idő: 135 perc | Adagok: 2

Hozzávalók

¾ teáskanál szójaszósz

¾ teáskanál rizsbor

¾ teáskanál méz

¼ teáskanál öt fűszer

6 csirkeszárny

½ hüvelyk friss gyömbér

½ hüvelykes őrölt buzogány

1 gerezd fokhagyma, felaprítva

Szeletelt mogyoróhagyma a tálaláshoz

Utasítás

Készítsen vízfürdőt, és helyezze bele a Sous Vide-t. 160F-ra állítva.

Keverje össze a szójaszószt, a rizsbort, a mézet és az öt fűszert egy tálban. Tegye a csirkeszárnyakat és a fokhagymát egy vákuummal zárható zacskóba. Engedje ki a levegőt a víz kinyomásával, zárja le és merítse vízfürdőbe a zacskót. 2 órán át főzzük.

Az időzítő leállása után távolítsa el a szárnyakat, és tegye át őket egy sütőlapra. Süssük a sütőben 5 percig 380 F-on. Tálaljuk tálra, és szeletelt mogyoróhagymával díszítsük.

Zöld csirke curry tésztával

Elkészítés + főzési idő: 3 óra | Adagok: 2

Hozzávalók

1 csirkemell, csont és bőr nélkül
Só és fekete bors ízlés szerint
1 doboz (13,5 oz) kókusztej
2 evőkanál zöld curry paszta
1¾ csésze csirke alaplé
1 csésze shiitake gomba
5 kaffir lime levél, félbevágva
2 evőkanál halszósz
1½ evőkanál cukor
½ csésze thai bazsalikom levél, durvára vágva
2 oz főtt tojásos tészta fészek
1 csésze koriander, durvára vágva
1 csésze babcsíra
2 evőkanál sült tészta
2 piros chili, durvára vágva

Utasítás

Készítsen vízfürdőt, és helyezze bele a Sous Vide-t. Állítsa 138 F-ra. Fűszerezze a csirkét sóval és borssal. Tegye egy vákuummal lezárható zacskóba. Engedje ki a levegőt a víz kinyomásával, zárja le és merítse vízfürdőbe a zacskót. 90 percig főzzük.

35 perc múlva melegítse fel az edényt közepes lángon, és keverje hozzá a zöld curry pasztát és a kókusztej felét. 5-10 percig főzzük, amíg a kókusztej elkezd sűrűsödni. Adjuk hozzá a csirkehúslevet és a többi kókusztejet. 15 percig főzzük.

Csökkentse a hőt, és adjon hozzá kaffir lime leveleket, shiitake gombát, cukrot és halszószt. Főzzük legalább 10 percig. Levesszük a tűzről és hozzáadjuk a bazsalikomot.

Az időzítő leállása után vegye ki a zacskót és hagyja hűlni 5 percig, majd vágja apró szeletekre. Tálaljuk leveses tálban curry szósszal, főtt tésztával és csirkével. A tetejére babcsírát, koriandert, chilit és sült tésztát teszünk.

Pesto csirkefalatok avokádóval

Elkészítés + főzési idő: 1 óra 40 perc | Adagok: 2

Hozzávalók

1 csirkemell, csont nélkül, bőr nélkül, pillangóval
Só és fekete bors ízlés szerint
1 evőkanál zsálya
3 evőkanál olívaolaj
1 evőkanál pesto
1 cukkini, szeletekre vágva
1 avokádó
1 csésze friss bazsalikomlevél

Utasítás

Készítsen vízfürdőt, és helyezze bele a Sous Vide-t. 138F-ra állítva.

A csirkemellet vékonyan felverjük. Zsályával, borssal és sóval ízesítjük. Tegye egy vákuummal lezárható zacskóba. Adjunk hozzá 1 evőkanál olajat és pestot. Engedje ki a levegőt a víz kinyomásával, zárja le és merítse vízfürdőbe a zacskót. 75 percig főzzük. 60 perc elteltével egy serpenyőben nagy lángon hevíts fel 1 evőkanál olívaolajat, adj hozzá cukkinit és ¼ csésze vizet. Addig főzzük, amíg a víz el nem párolog. Az időzítő leállása után vegye ki a csirkét.

A maradék olívaolajat egy serpenyőben közepes lángon felhevítjük, és a csirkemellet mindkét oldalán 2 percig sütjük. Tegyük félre és hagyjuk kihűlni. A csirkét vágjuk apróra, valamint a cukkinit. Az avokádót is felszeleteljük. A csirkét avokádószeletekkel a tetejére tálaljuk. Díszítsük cukkini szeletekkel és bazsalikommal.

Csirke golyók sajttal

Elkészítés + főzési idő: 1 óra 15 perc | Adagok: 6

Hozzávalók

1 kiló darált csirke
2 evőkanál hagyma, finomra vágva
¼ teáskanál fokhagymapor
Só és fekete bors ízlés szerint
2 evőkanál zsemlemorzsa
1 tojás
32 kis kocka mozzarella sajt
1 evőkanál vaj
3 evőkanál panko
½ csésze paradicsomszósz
½ oz reszelt Pecorino Romano sajt
Vágott petrezselyem

Utasítás

Készítsen vízfürdőt, és helyezze bele a Sous Vide-t. Állítsa 146 F-ra. Egy tálban keverje össze a csirkét, a hagymát, a sót, a fokhagymaport, a borsot és a fűszerezett zsemlemorzsát. Adjuk hozzá a tojást és jól keverjük össze. Formázzunk 32 közepes méretű golyót, és töltsük meg egy kocka sajttal úgy, hogy a keverék jól ellepje a sajtot.

Helyezze a golyókat egy vákuummal zárható zacskóba, és hagyja hűlni 20 percig. Ezután engedje ki a levegőt a víz kinyomásának módszerével, zárja le és merítse vízfürdőbe a zacskót. 45 percig főzzük.

Az időzítő leállása után távolítsa el a golyókat. Olvasszuk fel a vajat egy serpenyőben, és adjuk hozzá a pankót. Pirításig főzzük. Főzzük meg a paradicsomszószt is. Tedd a golyókat egy tálba, és öntsd le őket paradicsomszósszal. A tetejére pancot és sajtot teszünk. Díszítsük petrezselyemmel.

Pulyka hamburger sajttal

Elkészítés + főzési idő: 1 óra 45 perc | Adagok: 6

Hozzávalók

6 teáskanál olívaolaj

1½ font őrölt pulyka

16 keksz, összetörve

2½ evőkanál apróra vágott friss petrezselyem

2 evőkanál apróra vágott friss bazsalikom

½ evőkanál Worcestershire szósz

½ evőkanál szójaszósz

½ teáskanál fokhagymapor

1 tojás

6 péksütemény, pirított

6 szelet paradicsom

6 levél római saláta

6 szelet Monterey Jack sajt

Utasítás

Készítsen vízfürdőt, és helyezze bele a Sous Vide-t. Állítsa 148 F-ra. Keverje össze a pulykát, a kekszet, a petrezselymet, a bazsalikomot, a szójaszószt és a fokhagymaport. Adjuk hozzá a tojást és keverjük össze kézzel.

Egy tepsiben viaszos borssal formázzunk 6 pogácsát a keverékből és rendezzük el. Fedjük le és tegyük a hűtőbe

Vegye ki a hamburgereket a hűtőből, és helyezze három visszazárható zacskóba. A víz kinyomásával engedje ki a levegőt, zárja le és merítse vízfürdőbe a zacskókat. 1 óra 15 percig főzzük.

Az időzítő leállása után távolítsa el a pogácsákat. Öntse ki a főzőlevet.

Egy serpenyőben nagy lángon hevítsd fel az olívaolajat, és tedd bele a hamburgereket. Oldalanként 45 másodpercig sütjük. A megsült zsemlékre helyezzük a húsgombócokat. Tedd a tetejére a paradicsomot, a salátát és a sajtot. Szolgál.

Szalonnával és dióval töltött pulyka sonkába csomagolva

Elkészítés + főzési idő: 3 óra 45 perc | Adagok: 6

Hozzávalók

1 fokhagyma, apróra vágva
3 evőkanál vaj
1 csésze kockára vágott szalonna
4 evőkanál fenyőmag
2 evőkanál apróra vágott kakukkfű
4 gerezd fokhagyma, felaprítva
2 citrom héja
4 evőkanál apróra vágott petrezselyem
¾ csésze zsemlemorzsa
1 tojás, felvert
4 lb csont nélküli pulykamell, pillangós
Só és fekete bors ízlés szerint
16 szelet sonka

Utasítás

Készítsen vízfürdőt, és helyezze bele a Sous Vide-t. 146F-ra állítva.

Egy serpenyőben közepes lángon hevíts fel 2 evőkanál vajat, és párold 10 perc alatt puhára a hagymát. Félretesz, mellőz. Adja hozzá a szalonnát ugyanabba a serpenyőbe, és süsse 5 percig, amíg aranybarna nem lesz. Hozzákeverjük a fenyőmagot, a kakukkfüvet, a fokhagymát és a citromhéjat, és további 2 percig főzzük. Adjunk hozzá petrezselymet és keverjük össze. A hagymát visszatesszük a serpenyőbe, belekeverjük a zsemlemorzsát és a tojást.

Távolítsa el a pulykát, és fedje le műanyag fóliával. Húskalapáccsal keményre verjük. Helyezze a sonkát alufóliába. Helyezze a pulykát a sonka tetejére, és törje le a közepét, hogy egy csíkot készítsen. A pulykát szorosan egyik oldalról a másikra tekerjük, amíg teljesen be nem csomagolódik. Fedjük le műanyag fóliával, és helyezzük vákuummal zárható zacskóba. Engedje ki a levegőt a víz kinyomásával, zárja le és merítse vízfürdőbe a zacskót. 3 órán át főzzük.

Az időzítő leállása után távolítsa el a pulykát, és dobja ki a műanyagot. A maradék vajat egy serpenyőben közepes lángon felhevítjük, és hozzáadjuk a szegyet. A sonkát mindkét oldalon 45 másodpercig sütjük. A pulykát feltekerjük és további 2-3 percig sütjük. A mellet medalionokra vágjuk és tálaljuk.

Cézár saláta tortilla tekercs pulykával

Elkészítés + főzési idő: 1 óra 40 perc | Adagok: 4

Hozzávalók

2 gerezd fokhagyma, felaprítva
2 bőr és csont nélküli pulykamell
Só és fekete bors ízlés szerint
1 csésze majonéz
2 evőkanál frissen facsart citromlé
1 teáskanál szardellapaszta
1 teáskanál dijoni mustár
1 teáskanál szójaszósz
4 csésze jégsaláta
4 tortilla

Utasítás

Készítsen vízfürdőt, és helyezze bele a Sous Vide-t. Állítsuk 152 F-ra. Fűszerezzük a pulykamellet sóval és borssal, és tegyük vákuummal lezárható zacskóba. Engedje ki a levegőt a víz kinyomásával, zárja le és merítse vízfürdőbe a zacskót. 1 óra 30 percig főzzük.

Keverje össze a majonézt, a fokhagymát, a citromlevet, a szardellapasztát, a mustárt, a szójaszószt és a maradék sót és borsot. Hűtőben állni hagyjuk. Az időzítő leállása után távolítsa el a pulykát, és szárítsa meg. A pulykát felszeleteljük. A zöldsalátát összekeverjük a hideg öntettel. Minden tortillába öntsük a pulykakeverék egynegyedét, és hajtsuk fel. Félbevágjuk és öntettel tálaljuk.

Zsályás pulykatekercs

Elkészítés + főzési idő: 5 óra 15 perc | Adagok: 6

Hozzávalók:

3 evőkanál olívaolaj

2 kis sárga hagyma kockákra vágva

2 szár zeller, felkockázva

3 evőkanál őrölt zsálya

2 citrom héja és leve

3 csésze pulykatöltelék keverék

2 csésze pulyka vagy csirke alaplé

5 kiló félbevágott pulykamell

Utasítás:

Közepes lángra tesszük a serpenyőt, hozzáadjuk az olívaolajat, a hagymát és a zellert. 2 percig pároljuk. Add hozzá a citromlevet, a héját és a zsályát, amíg a citromlé el nem fogy.

A töltelékes keveréket öntsük egy tálba, és adjuk hozzá a főtt zsályás keveréket. Keverjük össze a kezünkkel. Hozzáadjuk az alaplevet, és kézzel addig keverjük, amíg a hozzávalók jól össze nem állnak és folyós lesz. Óvatosan távolítsa el a pulyka bőrét, és helyezze műanyag fóliára. Távolítsa el a csontokat és dobja ki.

Helyezze le a pulykamell bőrét, és helyezzen egy második réteg műanyag fóliát a pulykamellre. Egy sodrófa segítségével lapítsa 1 hüvelyk vastagra. Távolítsa el a műanyag fóliát a tetejéről, és terítse el a tölteléket a lapított pulyka fölött, hagyjon ½ hüvelyk helyet a szélein.

A keskeny oldalától kezdve tekerje fel a pulykát, mint egy tésztahengert, és helyezze a pulyka tetejére a felesleges bőrt. Rögzítse a tekercset hentes zsinórral. Csomagolja be a pulykatekercset műanyag fóliába, és csavarja meg a végeit, hogy rögzítse a tekercset, amelynek szoros hengert kell alkotnia.

Helyezze a tekercset egy vákuummal lezárható zacskóba, engedje ki a levegőt és zárja le a zacskót. 40 percre hűtőbe tesszük. Készítsen vízfürdőt, tegye bele a Sous Vide-t, és állítsa 155 F-ra. Helyezze a pulykatekercset a vízfürdőbe, és állítsa be az időzítőt 4 órára.

Az időzítő leállása után vegye ki a zacskót és nyissa ki. Melegítsük elő a sütőt 400 F-ra, távolítsuk el a műanyag fóliát a pulykáról, és helyezzük sütőlapra, bőrös felével felfelé. 15 percig sütjük. Vágjuk karikákra. Krémes szósszal és alacsony szénhidráttartalmú párolt zöldségekkel tálaljuk.

Kakukkfű pulykamell

Elkészítés + főzési idő: 3 óra 15 perc | Adagok: 6

Hozzávalók

1 fél pulykamell, csont és bőr nélkül
1 evőkanál olívaolaj
1 evőkanál fokhagymás só
1 evőkanál kakukkfű
1 teáskanál fekete bors

Utasítás

Készítsen vízfürdőt, és helyezze bele a Sous Vide-t. 146F-ra állítva.

Keverjük össze a pulykamellet, a fokhagymát, a kakukkfüvet, a sót és a borsot. Tegye egy vákuummal lezárható zacskóba. Engedje ki a levegőt a víz kinyomásával, zárja le és merítse vízfürdőbe a zacskót. 4 órán át főzzük.

Az időzítő leállása után vegye ki a zacskót és szárítsa meg egy sütőlapon. Egy vasserpenyőt erős lángon felhevítünk, és 5 perc alatt aranybarnára sütjük.

Burgerek pulyka húsgombóccal és pestoval

Elkészítés + főzési idő: 80 perc | Adagok: 4

Hozzávalók

1 kiló őrölt pulyka
3 újhagyma apróra vágva
1 nagy tojás, felvert
1 evőkanál zsemlemorzsa
1 teáskanál szárított oregánó
1 evőkanál kakukkfű
Só és fekete bors ízlés szerint
½ csésze pesto (plusz 2 teáskanál extra)
2 dkg mozzarella sajt, darabokra tépve
4 nagy hamburger zsemle

Utasítás

Készítsen vízfürdőt, és helyezze bele a Sous Vide-t. Állítsa 146 F-ra. Egy tálban keverje össze a pulykát, a tojást, a zsemlemorzsát, a mogyoróhagymát, a kakukkfüvet és az oregánót. Sózzuk és borsozzuk. Jól összekeverni. Csinálj legalább 8 golyót, és a hüvelykujjaddal készíts a közepébe egy lyukat. Mindegyik tetejére tegyen 1/4 evőkanál pestót és 1/4 oz mozzarella sajtot. Ügyeljen arra, hogy a hús ellepje a tölteléket.

Tegye egy vákuummal lezárható zacskóba. Engedje ki a levegőt a víz kinyomásával, zárja le és merítse vízfürdőbe a zacskót. 60 percig főzzük. Az időzítő leállása után kivesszük a golyókat, és sütőpapírral szárítjuk. Melegíts fel egy serpenyőt közepes lángon, és főzz meg 1/2 csésze pesto-t. Hozzáadjuk a húsgombócokat és jól összekeverjük. Minden hamburgerzsemlébe tegyünk 2 húsgombócot.

Pulykamell dióval

Elkészítés + főzési idő: 2 óra 15 perc | Adagok: 6

Hozzávalók:

2 kiló pulykamell, vékonyra szeletelve

1 evőkanál citromhéj

1 csésze pekándió, apróra vágva

1 evőkanál kakukkfű, finomra vágva

2 gerezd zúzott fokhagyma

2 evőkanál friss petrezselyem, finomra vágva

3 csésze csirkehúsleves

3 evőkanál olívaolaj

Utasítás:

Öblítse le a húst folyó hideg víz alatt, és szűrőedényben szűrje le. Dörzsölje be citromhéjjal, és tegye át egy nagy, visszazárható zacskóba a csirkealaplével együtt. Főzzük a Sous Vide-t 2 órán keresztül 149 F-on. Vegye ki a vízfürdőből, és tegye félre.

Egy közepes serpenyőben felforrósítjuk az olívaolajat, majd hozzáadjuk a fokhagymát, a pekándiót és a kakukkfüvet. Jól összekeverjük és 4-5 percig főzzük. Végül a csirkemellet is beletesszük a serpenyőbe, és mindkét oldalát rövid ideig megsütjük. Azonnal tálaljuk.

Fűszeres pulyka étel

Elkészítés + főzési idő: 14 óra 15 perc | Adagok: 4

Hozzávalók

1 pulykacomb
1 evőkanál olívaolaj
1 evőkanál fokhagymás só
1 teáskanál fekete bors
3 ág kakukkfű
1 evőkanál rozmaring

Utasítás

Készítsen vízfürdőt, és helyezze bele a Sous Vide-t. Állítsa 146 F-ra. Fűszerezze a pulykát fokhagymával, sóval és borssal. Tegye egy vákuummal lezárható zacskóba.

Engedje ki a levegőt víznyomásos módszerrel, zárja le és merítse a zacskót a fürdőbe. 14 órán át főzzük. Ha kész, távolítsa el a karokat és szárítsa meg.

Pulyka narancsszószban

Elkészítés + főzési idő: 75 perc | Adagok: 2

Hozzávalók:

1 kiló pulykamell, bőr és csont nélkül
1 evőkanál vaj
3 evőkanál friss narancslé
½ csésze csirke alaplé
1 teáskanál cayenne bors
Só és fekete bors ízlés szerint

Utasítás:

Öblítse le a pulykamellet folyó hideg víz alatt, majd szárítsa meg. Félretesz, mellőz.

Egy közepes tálban keverje össze a narancslevet, a csirkehúslevet, a cayenne borsot, a sót és a borsot. Jól összekeverjük és ebbe a pácba tesszük a húst. 20 percre hűtőbe tesszük.

Most helyezze a húst a páccal együtt egy nagy, vákuummal lezárható zacskóba, és süsse a Sous Vide-t 40 percig 122 °C-on.

Olvasszuk fel a vajat egy közepes, tapadásmentes serpenyőben, magas lángon. Vegye ki a húst a zacskóból, és tegye a fazékba. 2 percig pirítjuk és levesszük a tűzről.

Pulykacomb kakukkfűvel és rozmaringgal

Elkészítés + főzési idő: 8 óra 30 perc | Adagok: 4

Hozzávalók

5 teáskanál vaj, olvasztott
10 fokhagyma, felaprítva
2 evőkanál szárított rozmaring
1 evőkanál kömény
1 evőkanál kakukkfű
2 pulykacomb

Utasítás

Készítsen vízfürdőt, és helyezze bele a Sous Vide-t. 134F-ra állítva.

Keverjük össze a fokhagymát, a rozmaringot, a köményt, a kakukkfüvet és a vajat. Dörzsölje át a keveréket a pulykára.

Helyezze a pulykát egy visszazárható zacskóba. Engedje ki a levegőt a víz kinyomásával, zárja le és merítse vízfürdőbe a zacskót. 8 órán át főzzük

Az időzítő leállása után távolítsa el a pulykát. Tartsa le a levét a főzéshez. Melegítsük fel a grillt nagy lángon, és tegyük rá a pulykát. Meglocsoljuk főzőlével. Megfordítjuk és meglocsoljuk még egy kis lével. Tegyük félre, és hagyjuk kihűlni. Szolgál.

Pulykamell szegfűszeggel

Elkészítés + főzési idő: 1 óra 45 perc | Adagok: 6

Hozzávalók:

2 kiló pulykamell, szeletelve
2 gerezd fokhagyma, felaprítva
1 csésze olívaolaj
2 evőkanál dijoni mustár
2 evőkanál citromlé
1 teáskanál friss rozmaring, apróra vágva
1 teáskanál szegfűszeg, darálva
Só és fekete bors ízlés szerint

Utasítás:

Egy nagy tálban keverje össze az olívaolajat mustárral, citromlével, fokhagymával, rozmaringgal, szegfűszeggel, sóval és borssal. Jól összekeverjük, majd hozzáadjuk a pulykaszeleteket. Főzés előtt áztassa be és hűtse 30 percig.

Vegye ki a hűtőszekrényből, és tegye át 2 vákuummal zárható zacskóba. Zárja le a zacskókat, és főzze a Sous Vide-t egy órán át 149 F-on. Vegye ki a vízfürdőből, és tálalja.

Kapros és rozmaringos pulykamell

Elkészítés + főzési idő: 1 óra 50 perc | Adagok: 2

Hozzávalók

1 kiló csont nélküli pulykamell
Só és fekete bors ízlés szerint
3 szál friss kapor
1 szál friss rozmaring apróra vágva
1 babérlevél

Utasítás

Készítsen vízfürdőt, és helyezze bele a Sous Vide-t. 146F-ra állítva.

Melegítsük fel a serpenyőt közepes lángon, tegyük bele a pulykát és süssük 5 percig. Mentsd meg a zsírt. Sózzuk, borsozzuk a pulykát. Tegye a pulykát, a kaprot, a rozmaringot, a babérlevelet és a fenntartott zsírt egy vákuummal zárható zacskóba. Engedje ki a levegőt a víz kinyomásával, zárja le és merítse vízfürdőbe a zacskót. 1 óra 30 percig főzzük.

Egy serpenyőt erős lángon felhevítünk. Az időzítő leállása után vegye ki a pulykát, és tegye át a serpenyőbe. 5 percig pirítjuk.

Sült édes kacsa

Elkészítés + főzési idő: 3 óra 55 perc | Adagok: 4

Hozzávalók

6 oz csont nélküli kacsamell
¼ teáskanál fahéj
¼ teáskanál füstölt paprika
¼ teáskanál cayenne bors
1 evőkanál kakukkfű
1 teáskanál méz
Só és fekete bors ízlés szerint

Utasítás

Készítsen vízfürdőt, és helyezze bele a Sous Vide-t. Állítsa 134 F-ra. A kacsamelleket egy tepsiben szárítsa meg, és távolítsa el a bőrt, ügyelve arra, hogy ne vágja fel a húst. Adj hozzá sót.

Egy serpenyőt erős lángon felhevítünk. A kacsát 3-4 percig sütjük. Vegye ki és tegye félre.

Egy tálban keverjük össze a paprikát, kakukkfüvet, cayenne borsot és fahéjat, jól keverjük össze. A kacsamellet bepácoljuk a keverékkel. Tegye egy vákuummal lezárható zacskóba. Adjunk hozzá 1 evőkanál mézet. Engedje ki a levegőt a víz kinyomásával, zárja le és merítse vízfürdőbe a zacskót. 3 óra 30 percig főzzük.

Az időzítő leállása után vegye ki a zacskót és szárítsa meg. A serpenyőt erős lángon felhevítjük, és 2 percig sütjük a kacsát. Fordítsa meg és süsse további 30 másodpercig. Hagyjuk kihűlni és tálaljuk.

Kacsamell t

Elkészítés + főzési idő: 2 óra 10 perc | Adagok: 3

Hozzávalók:

3 (6 uncia) kacsamell, bőrrel
3 teáskanál kakukkfű levél
2 teáskanál olívaolaj
Só és fekete bors ízlés szerint

Hozzávalók:

A mellre keresztirányú csíkokat készítünk anélkül, hogy belevágnánk a húsba. Sózzuk a bőrt, a húsos oldalt kakukkfűvel, borssal és sózzuk. Helyezze a kacsamelleket 3 különálló visszazárható zacskóba. Engedje ki a levegőt és zárja le a zacskókat. 1 órára hűtőbe tesszük.

Készítsen vízfürdőt, tegye bele a Sous Vide-t, és állítsa 135 F-ra. Vegye ki a zacskókat a hűtőszekrényből, és merítse a vízfürdőbe. Állítsa be az időzítőt 1 órára.

Az időzítő leállása után vegye ki és nyissa ki a zacskókat. Tegye a serpenyőt közepes lángra, adjon hozzá olívaolajat. Amikor felforrt, hozzáadjuk a kacsát, és addig sütjük, amíg a bőre megpuhul, a hús pedig aranybarna nem lesz. Vegyük ki és hagyjuk állni 3 percig, majd szeleteljük fel. Szolgál.

Orange Goose Confit

Elkészítés + főzési idő: 12 óra 7 perc + hűtési idő | Adagok: 6

Hozzávalók

3 babérlevél
6 db libacomb
10 teáskanál sót
6 gerezd zúzott fokhagyma
1 szál friss rozmaring, szár nélkül
1½ csésze libazsír
1 teáskanál bors
1 narancs héja

Utasítás

A libacombokat bekenjük fokhagymával, sóval, szemes borssal és rozmaringgal. Fedjük le és tegyük hűtőbe 12-24 órára. Készítsen vízfürdőt, és helyezze bele a Sous Vide-t. Állítsa 172 F-ra. Vegye ki a libát a hűtőszekrényből, és törölje szárazra egy konyharuhával.

A libát, a libazsírt, a babérlevelet, a borsot és a narancshéjat visszazárható zacskóba tesszük. Engedje ki a levegőt a víz kinyomásával, zárja le és merítse vízfürdőbe a zacskót. 12 órán át főzzük.

Az időzítő leállása után vegye ki a libát a zacskóból, és távolítsa el a felesleges zsírt. Egy serpenyőt erős lángon felforrósítunk, és 5-7 percig főzzük a libát, amíg ropogós nem lesz.

Garnélás tészta citrommal és sajttal

Elkészítés + főzési idő: 55 perc | Adagok: 4

Hozzávalók

2 csésze apróra vágott svájci mángold

6 evőkanál vaj

½ csésze parmezán sajt

2 gerezd fokhagyma, felaprítva

1 citrom, meghámozva és a levében

1 evőkanál friss bazsalikom apróra vágva

Só és fekete bors ízlés szerint

1 teáskanál pirospaprika pehely

1½ font garnélarák, megtisztítva, farokkal

8 uncia választott tészta

Utasítás

Készítsen vízfürdőt, és helyezze bele a Sous Vide-t. 137F-ra állítva.

Melegíts fel egy edényt közepesen magas lángon, és keverd össze a vajat, a mángoldot, 1/4 csésze Pecorino Romano sajtot, a fokhagymát, a citrom héját és levét, a bazsalikomot, a sót, a fekete borsot és a pirospaprika pelyhet. 5 percig főzzük, amíg a vaj elolvad. Félretesz, mellőz.

Helyezze a garnélarákot egy visszazárható zacskóba, és öntse bele a citromos keveréket. Jól rázza fel. Engedje ki a levegőt a víz kinyomásával, zárja le és merítse vízfürdőbe a zacskót. 30 percig főzzük.

Közben főzzük ki a tésztát a csomagoláson található utasítás szerint. Lecsepegtetjük és egy edénybe tesszük. Miután az időzítő leállt, vegye ki a zacskót, és tegye át a tésztatálba. 3-4 percig főzzük. Megkenjük a maradék pecorino sajttal és tálaljuk.

Halibut édes sherryvel és miso mázzal

Elkészítés + főzési idő: 50 perc | Adagok: 4

Hozzávalók

1 evőkanál olívaolaj

2 evőkanál vaj

⅓ csésze édes sherry

⅓ csésze piros miso

¼ csésze mirin

3 evőkanál barna cukor

2½ evőkanál szójaszósz

4 filé lepényhal

2 evőkanál apróra vágott újhagyma

2 evőkanál apróra vágott friss petrezselyem

Utasítás

Készítsen vízfürdőt, és helyezze bele a Sous Vide-t. Állítsa 134 F-ra. Melegítse fel a vajat egy serpenyőben közepesen alacsony hőmérsékleten. Keverje hozzá az édes sherryt, a misót, a mirint, a barna cukrot és a szójaszószt 1 percig. Félretesz, mellőz. Hagyjuk kihűlni. Helyezze a lepényhalat 2 vákuummal lezárható zacskóba. A víz kinyomásával engedje ki a levegőt, zárja le és merítse vízfürdőbe a zacskókat. 30 percig főzzük.

Az időzítő leállása után vegye ki a lepényhalat a zacskókból, és szárítsa meg konyharuhával. Tartsa le a levét a főzéshez. Az edényt nagy lángon felforrósítjuk, és beleöntjük a főzőlevet. Főzzük, amíg felére csökken.

Egy serpenyőben közepes lángon hevítsük fel az olívaolajat, és tegyük át a filéket. 30 másodpercig sütjük mindkét oldalát, amíg ropogós nem lesz. Tálaljuk a halat, és öntsük rá a miso mázat. Díszítsük újhagymával és petrezselyemmel.

Ropogós lazac édes gyömbéres mázzal

Elkészítés + főzési idő: 53 perc | Adagok: 4

Hozzávalók

½ csésze Worcestershire szósz
6 evőkanál fehér cukor
4 evőkanál mirin
2 kis gerezd fokhagyma apróra vágva
½ teáskanál kukoricakeményítő
½ teáskanál reszelt friss gyömbér
4 lazac filé
4 teáskanál növényi olaj
2 csésze főtt rizs, tálaláshoz
1 teáskanál pirított mák

Utasítás

Készítsen vízfürdőt, és helyezze bele a Sous Vide-t. 129F-ra állítva.

Keverje össze a Worcestershire szószt, a cukrot, a mirint, a fokhagymát, a kukoricakeményítőt és a gyömbért egy forró edényben, közepes lángon. 1 percig főzzük, amíg a cukor fel nem oldódik. Tartalék 1/4 csésze szószt. Hagyjuk kihűlni. Helyezze a lazacfilét 2 visszazárható zacskóba a maradék szósszal. A víz kinyomásával engedje ki a levegőt, zárja le és merítse vízfürdőbe a zacskókat. 40 percig főzzük.

Az időzítő leállása után vegye ki a filéket a zacskókból, és szárítsa meg konyharuhával. Melegíts fel egy edényt közepesen magas lángon, és főzzön egy csésze szószt 2 percig, amíg besűrűsödik. Egy serpenyőben felforrósítjuk az olajat. A lazacot oldalanként 30 másodpercig grillezzük. A lazacot szósszal és mákkal tálaljuk.

Citrus hal kókuszszósszal

Elkészítési idő: 1 óra 57 perc | Adagok: 6

Hozzávalók

2 evőkanál növényi olaj
4 paradicsom meghámozva és apróra vágva
2 pirospaprika, kockára vágva
1 sárga hagyma, felkockázva
½ csésze narancslé
¼ csésze limelé
4 gerezd fokhagyma, felaprítva
1 teáskanál zúzott köménymag
1 teáskanál köménypor
1 teáskanál cayenne bors
½ teáskanál só
6 db tőkehalfilé meghámozva, kockákra vágva
14 uncia kókusztej
¼ csésze kókuszreszelék
3 evőkanál apróra vágott friss koriander

Utasítás

Készítsen vízfürdőt, és helyezze bele a Sous Vide-t. 137F-ra állítva.

Egy tálban keverjük össze a narancslevet, a lime levét, a fokhagymát, a köménymagot, a köményt, a cayenne borsot és a sót. A filéket bevonjuk a lime keverékkel. Lefedjük és 1 órát hűtőben hűlni hagyjuk.

Közben egy serpenyőben közepes lángon felhevítjük az olajat, majd hozzáadjuk a paradicsomot, a paprikát, a hagymát és a sót. 4-5 perc alatt puhára főzzük. Öntsük a kókusztejet a paradicsomos keverékre, és főzzük 10 percig. Tegyük félre, és hagyjuk kihűlni.

A filéket kivesszük a hűtőből és 2 vákuumzacskóba tesszük a kókuszos keverékkel. A víz kinyomásával engedje ki a levegőt, zárja le és merítse vízfürdőbe a zacskókat. 40 percig főzzük. Az időzítő leállása után vegye ki a zacskókat, és tegye át a tartalmát egy tálba. Díszítsük apróra vágott kókuszreszelékkel és korianderrel. Rizzsel tálaljuk.

Lime-mal és petrezselyemmel buggyantott foltos tőkehal

Elkészítés + főzési idő: 75 perc | Adagok: 4

Hozzávalók

4 mellfilé, bőrrel
½ teáskanál só
6 evőkanál vaj
1 lime héja és leve
2 teáskanál apróra vágott friss petrezselyem
1 lime, negyedekre vágva

Utasítás

Készítsen vízfürdőt, és helyezze bele a Sous Vide-t. 137F-ra állítva.

A filéket megsózzuk, és 2 db vákuummal lezárható zacskóba rakjuk. Adjunk hozzá vajat, fél lime héját és lime levét, valamint 1 evőkanál petrezselymet. Engedje ki a levegőt a vízkiszorításos módszerrel. Tegyük be a hűtőbe, és hagyjuk hűlni 30 percig. Zárja le és merítse a zacskókat vízfürdőbe. 30 percig főzzük.

Az időzítő leállása után vegye ki a filéket, és szárítsa meg konyharuhával. A maradék vajat egy serpenyőben közepes lángon felhevítjük, és a filéket mindkét oldalukon 45 másodpercig sütjük, a tetejére kanalazva az olvasztott vajat. Konyharuhával szárítsd meg és tedd tányérra. Lime negyedekkel díszítjük és tálaljuk.

Ropogós tilápia mustárral és juharmártással

Elkészítés + főzési idő: 65 perc | Adagok: 4

Hozzávalók

2 evőkanál juharszirup

6 evőkanál vaj

2 evőkanál dijoni mustár

2 evőkanál barna cukor

1 evőkanál petrezselyem

1 evőkanál kakukkfű

2 evőkanál szójaszósz

2 evőkanál fehérborecet

4 tilápia filé, bőrrel

Utasítás

Készítsen vízfürdőt, és helyezze bele a Sous Vide-t. 114F-ra állítva.

Melegíts fel egy edényt közepes lángon, és adj hozzá 4 evőkanál vajat, mustárt, barna cukrot, juharszirupot, szójaszószt, ecetet, petrezselymet és kakukkfüvet. 2 percig főzzük. Tegyük félre, és hagyjuk hűlni 5 percig.

Helyezze a tilápia filét egy visszazárható zacskóba a juharmártással. Engedje ki a levegőt a víz kinyomásával, zárja le és merítse vízfürdőbe a zacskót. 45 percig főzzük.

Az időzítő leállása után vegye ki a filéket, és szárítsa meg konyharuhával. A maradék vajat egy serpenyőben közepes lángon felhevítjük, és 1-2 percig sütjük a filét.

Kardhal mustár

Elkészítés + főzési idő: 55 perc | Adagok: 4

Hozzávalók

2 evőkanál olívaolaj
2 kardhal steak
Só és fekete bors ízlés szerint
½ teáskanál Coleman mustár
2 teáskanál szezámolaj

Utasítás

Készítsen vízfürdőt, és tegye bele a Sous Vide-t. Állítsa 104 F-ra. Fűszerezze a kardhalat sóval és borssal. Az olívaolajat és a mustárt jól összekeverjük. Helyezze a kardhalat egy vákuumzacskóba a mustárkeverékkel. Engedje ki a levegőt a vízkiszorításos módszerrel. 15 percig a hűtőben pihentetjük. Zárja le és merítse a zacskót vízfürdőbe. 30 percig főzzük.

A szezámolajat serpenyőben nagy lángon felhevítjük. Az időzítő leállása után távolítsa el a kardhalat, és szárítsa meg konyharuhával. Öntse ki a főzőlevet. Tedd át a serpenyőbe és süsd oldalanként 30 másodpercig. A kardhalat szeletekre vágjuk és tálaljuk.

Fűszeres hal tortillák

Elkészítés + főzési idő: 35 perc | Adagok: 6

Hozzávalók

⅓ csésze tejszínhab

4 lepényhal filé, meghámozva

1 teáskanál apróra vágott friss koriander

¼ teáskanál pirospaprika

Só és fekete bors ízlés szerint

1 evőkanál almaecet

½ édes hagyma, apróra vágva

6 tortilla

Szeletelt jéghegy saláta

1 nagy paradicsom, szeletelve

Guacamole díszítéshez

1 lime, negyedekre vágva

Utasítás

Készítsen vízfürdőt, és helyezze bele a Sous Vide-t. 134F-ra állítva.

Keverje össze a filéket korianderrel, pirospaprika pehellyel, sóval és borssal. Tegye egy vákuummal lezárható zacskóba. Engedje ki a levegőt a víz kicsavarásával, merítse a zacskót a fürdőbe. 25 percig főzzük.

Közben keverjük össze az almaecetet, a hagymát, a sót és a borsot. Félretesz, mellőz. Az időzítő leállása után vegye ki a filéket, és szárítsa meg konyharuhával. A filéket fújólámpával megsütjük. Darabokra vágjuk. Helyezze a halat a tortillára, adjon hozzá salátát, paradicsomot, tejfölt, hagymás keveréket és guacamole-t. Lime-mal díszítjük.

Tonhal steak bazsalikommal

Elkészítés + főzési idő: 45 perc | Adagok: 5

Hozzávalók

6 evőkanál olívaolaj
4 tonhal steak
Só és fekete bors ízlés szerint
1 citrom héja és leve
2 gerezd fokhagyma, felaprítva
1 teáskanál apróra vágott friss bazsalikom

Utasítás

Készítsen vízfürdőt, és tegye bele a Sous Vide-t. Állítsa 126 F-ra. Fűszerezze a tonhalat sóval és borssal. Keverjünk össze 4 evőkanál olívaolajat, citromlevet és -héjat, fokhagymát és bazsalikomot. Helyezze két visszazárható, citrusos páclével ellátott zacskóba. A víz kinyomásával engedje ki a levegőt, zárja le és merítse vízfürdőbe a zacskókat. 35 percig főzzük.

Miután az időzítő leállt, távolítsa el a tonhalat, és törölje szárazra egy konyharuhával. Mentse el a főzőlevet. Az olívaolajat serpenyőben nagy lángon felhevítjük, és a tonhalat mindkét oldalán

1 percig sütjük. Tegyük egy tányérra, és szórjuk meg főzőlével. A legjobb rizzsel tálalva.

Kardhal és burgonyasaláta Kalamata olajbogyóval

Elkészítés + főzési idő: 3 óra 5 perc | Adagok: 2

Hozzávalók

burgonya

3 evőkanál olívaolaj

1 kiló édesburgonya

2 teáskanál sót

3 szál friss kakukkfű

Hal

1 evőkanál olívaolaj

1 kardhal steak

Só és fekete bors ízlés szerint

1 teáskanál repceolaj

Saláta

1 csésze fiatal spenótlevél

1 csésze koktélparadicsom félbevágva

¼ csésze Kalamata olajbogyó, apróra vágva

1 evőkanál olívaolaj

1 teáskanál dijoni mustár

3 evőkanál almaecet

¼ teáskanál sót

Utasítás

A burgonya elkészítése: készítsen vízfürdőt, és helyezze bele a Sous Vide-t. 192F-ra állítva.

Helyezze a burgonyát, az olívaolajat, a tengeri sót és a kakukkfüvet egy visszazárható zacskóba. Engedje ki a levegőt a víz kinyomásával, zárja le és merítse vízfürdőbe a zacskót. 1 óra 15 percig főzzük. Az időzítő leállása után vegye ki a zacskót, és ne nyissa ki. Félretesz, mellőz.

A hal elkészítése: Készítsen vízfürdőt, és helyezze bele a Sous Vide-t. Állítsa 104 F-ra. Fűszerezze a kardhalat sóval és borssal. Olívaolajjal visszazárható zacskóba tesszük. Engedje ki a levegőt a víz kinyomásával, zárja le és merítse vízfürdőbe a zacskót. 30 percig főzzük.

A repceolajat serpenyőben nagy lángon felhevítjük. Távolítsa el a kardhalat, és szárítsa meg konyharuhával. Öntse ki a főzőlevet. Helyezze át a kardhalat a serpenyőbe, és süsse 30 másodpercig mindkét oldalát.

Vágjuk szeletekre, és fedjük le műanyag fóliával. Félretesz, mellőz.

Végül elkészítjük a salátát: koktélparadicsomot, olívabogyót, olívaolajat, mustárt, almaecetet, sót adjunk a salátástálba, és jól keverjük össze. Adjunk hozzá bébispenótot. Vegyük ki a burgonyát és vágjuk félbe. Öntse ki a főzőlevet. A salátát burgonyával és kardhallal tálaljuk.

Füstölt lazac

Elkészítés + főzési idő: 1 óra 20 perc | Adagok: 3

Hozzávalók:

3 lazac filé, bőr nélkül
1 evőkanál cukor
2 teáskanál füstölt paprika
1 teáskanál mustárpor

Utasítás:

Készítsen vízfürdőt, helyezze bele a Sous Vide-t, és állítsa 115 F-ra. Fűszerezze a lazacot 1 teáskanál sóval, és tegye egy cipzáras zacskóba. 30 percre hűtőbe tesszük.

Egy tálban keverjük össze a cukrot, a füstölt sót, a maradék sót és a mustárport, majd keverjük össze. Vegye ki a lazacot a hűtőszekrényből, és dörzsölje be a szerzetespor keverékkel.

Helyezze a lazacot egy vákuumos zárható zacskóba, engedje ki a levegőt víznyomásos módszerrel, és zárja le a zacskót. Merüljön el egy vízfürdőben, és állítsa az időzítőt 45 percre. Az időzítő leállása után vegye ki a zacskót és nyissa ki. A lazacot kivesszük és konyharuhával szárítjuk. Tegyünk egy tapadásmentes serpenyőt közepes lángra, adjuk hozzá a lazacot, és pirítsuk 30 másodpercig. Párolt zöldség oldalával tálaljuk.

Fésűkagyló vajjal és pancettával

Elkészítés + főzési idő: 45 perc | Adagok: 6

Hozzávalók

12 nagy kagyló
1 evőkanál olívaolaj
Só és fekete bors ízlés szerint
4 szelet pancetta
2 evőkanál méz
2 evőkanál vaj

Utasítás

Készítsen vízfürdőt, és helyezze bele a Sous Vide-t. 126F-ra állítva.

Melegítse elő a sütőt 390 F-ra. Dobja meg a tengeri herkentyűket olívaolajjal, sóval és borssal. Tegye egy vákuummal lezárható zacskóba. Engedje ki a levegőt a víz kinyomásával, zárja le és merítse vízfürdőbe a zacskót. 30 percig főzzük.

Tegyük át a pancettát alufóliával bélelt tepsibe, és vonjuk be mindkét oldalát mézzel és borssal. 20 percig sütjük. Tegyük át egy tányérra. Mentsd meg a pancetta zsírt.

Az időzítő leállása után távolítsa el a tengeri herkentyűket, és szárítsa meg őket konyharuhával. Olvasszuk fel a vajat és 1 evőkanál pancetta zsírt egy serpenyőben közepes lángon. Helyezze rá a tengeri herkentyűket, és süsse mindkét oldalát 1 percig, amíg aranybarna nem lesz. Vágja fel a pancettát apró kockákra. Kérd kölcsön Jacob sapkáját. Díszítsük pancettával.

Tintahal linguine chilivel és citrommal

Elkészítés + főzési idő: 2 óra 10 perc | Adagok: 4

Hozzávalók

3 evőkanál olívaolaj
4 tintahal test, tisztítva
Só és fekete bors ízlés szerint
10 uncia szárított linguine
1 (16 uncia) konzerv paradicsom
2 gerezd fokhagyma, felaprítva
1 teáskanál pirospaprika pehely
1 teáskanál serrano bors, apróra vágva
1 citrom héja és leve
3 evőkanál apróra vágott friss petrezselyem
3 evőkanál apróra vágott friss kapor

Utasítás

Készítsen vízfürdőt, és helyezze bele a Sous Vide-t. Állítsa 134 F-ra. Ízesítse a tintahalat sóval és borssal. Helyezze a tintahalat és 2 evőkanál olívaolajat egy visszazárható zacskóba. Engedje ki a levegőt a víz kinyomásával, zárja le és merítse vízfürdőbe a zacskót. 2 órán át főzzük. 1 óra 45 perc elteltével főzzük meg a linguine-t a csomagoláson található utasítások szerint. Lecsepegtetjük.

Melegíts fel egy serpenyőt közepes lángon, és add hozzá a maradék olívaolajat, a paradicsomot, a fokhagymát, a serrano borsot, a citrom héját és levét, valamint 2 evőkanál petrezselymet. 3 percig pároljuk. Az időzítő leállása után távolítsa el a tintahalat, és szárítsa meg konyharuhával. Vágjuk apró szeletekre. Forró serpenyőben keverjük össze a tésztát a paradicsom- és tintahalmártással. Meglocsoljuk olívaolajjal.

Rákhús lime-vajmártással

Elkészítés + főzési idő: 70 perc | Adagok: 4

Hozzávalók

6 gerezd fokhagyma, darálva
½ lime héja és leve
1 font rákhús
4 evőkanál vaj

Utasítás

Készítsen vízfürdőt, és helyezze bele a Sous Vide-t. Állítsa 137 F-ra. Jól keverje össze a fokhagyma felét, a lime héját és a lime levét. Félretesz, mellőz. Helyezze a rákhúst, a vajat és a lime keveréket egy visszazárható zacskóba. Engedje ki a levegőt a víz kinyomásával, zárja le és merítse vízfürdőbe a zacskót. 50 percig főzzük. Az időzítő leállása után vegye ki a zsákot. Öntse ki a főzőlevet.

Melegíts fel egy serpenyőt közepesen alacsony hőmérsékleten, és öntsd bele a maradék vajat, a maradék lime keveréket és a maradék lime levét. Tálaljuk a rákot 4 ramekinben, lime vajjal meglocsolva.

Északi stílusú gyors lazac

Elkészítés + főzési idő: 30 perc | Adagok: 4

Hozzávalók

1 evőkanál olívaolaj

4 lazac filé, bőrrel

Só és fekete bors ízlés szerint

1 citrom héja és leve

2 evőkanál sárga mustár

2 teáskanál szezámolaj

Utasítás

Készítsen vízfürdőt, és tegye bele a Sous Vide-t. Állítsa 114 F-ra. Ízesítse a lazacot sóval és borssal. Keverjük össze a citrom héját és levét, olajat és mustárt. Helyezze a lazacot 2 vákuummal lezárható zacskóba a mustárkeverékkel. Engedje ki a levegőt víznyomásos módszerrel, zárja le és merítse a zacskókat a fürdőbe. 20 percig főzzük. Egy serpenyőben felforrósítjuk a szezámolajat. Miután az időzítő leállt, távolítsa el a lazacot, és szárítsa meg. Tegye át a lazacot a serpenyőbe, és süsse 30 másodpercig mindkét oldalát.

Ízletes pisztráng mustárral és tamari szósszal

Elkészítés + főzési idő: 35 perc | Adagok: 4

Hozzávalók

¼ csésze olívaolaj
4 pisztrángfilé, meghámozva és felszeletelve
½ csésze Tamari szósz
¼ csésze világos barna cukor
2 gerezd fokhagyma, felaprítva
1 evőkanál Coleman mustár

Utasítás

Készítsen vízfürdőt, és tegye bele a Sous Vide-t. Állítsa 130 F-ra. Keverje össze a Tamari szószt, a barna cukrot, az olívaolajat és a fokhagymát. Helyezze a pisztrángot egy vákuumzacskóba a tamari keverékkel. Engedje ki a levegőt a víz kinyomásával, zárja le és merítse vízfürdőbe a zacskót. 30 percig főzzük.

Az időzítő leállása után távolítsa el a pisztrángot, és szárítsa meg konyharuhával. Öntse ki a főzőlevet. Tálaláskor tamari szósszal és mustárral díszítjük.

Szezámos tonhal gyömbéres szósszal

Elkészítés + főzési idő: 45 perc | Adagok: 6

Hozzávalók:

Tonhal:

3 tonhal steak

Só és fekete bors ízlés szerint

⅓ csésze olívaolaj

2 evőkanál repceolaj

½ csésze fekete szezámmag

½ csésze fehér szezám

Gyömbér szósz:

1 hüvelykes gyömbér, reszelve

2 medvehagyma, darálva

1 piros chili, őrölt

3 evőkanál vizet

2 ½ lime leve

1 ½ evőkanál rizsecet

2 és fél evőkanál szójaszósz

1 evőkanál halszósz

1 ½ evőkanál cukor

1 csokor salátalevél

Utasítás:

Kezdje a szósszal: tegyen egy kis serpenyőt alacsony lángra, és adjon hozzá olívaolajat. Amikor forró, hozzáadjuk a gyömbért és a chilit. 3 percig főzzük, hozzáadjuk a cukrot és az ecetet, kevergetve addig főzzük, amíg a cukor fel nem oldódik. Adjunk hozzá vizet és hagyjuk felforrni. Adjuk hozzá a szójaszószt, a halszószt és a lime levét, és főzzük 2 percig. Hagyja félre hűlni.

Készítsen vízfürdőt, helyezze bele a Sous Vide-t, és állítsa 110 F-ra. Fűszerezze a tonhalat sóval és borssal, és tegye 3 különálló vákuumzárható zacskóba. Adjunk hozzá olívaolajat, engedjük ki a levegőt a zacskóból víznyomásos módszerrel, zárjuk le és merítsük vízfürdőbe a tasakot. Állítsa be az időzítőt 30 percre.

Az időzítő leállása után vegye ki és nyissa ki a zacskót. Tedd oldalra a tonhalat. Helyezzük a serpenyőt alacsony lángra, és adjuk hozzá a repceolajat. Melegítés közben keverjük össze a szezámmagot a tálban. A tonhalat megszárítjuk, beborítjuk szezámmaggal, és forró olajban a tetejét és az alsó oldalát addig sütjük, amíg a magok el nem kezdenek pirulni.

A tonhalat vékony csíkokra vágjuk. A tálaló kendőt letakarjuk salátával, a salátalapra kenjük a tonhalat. Gyömbéres szósszal tálaljuk előételként.

Isteni ráktekercs fokhagymával és citrommal

Elkészítés + főzési idő: 60 perc | Adagok: 4

Hozzávalók

4 evőkanál vaj

1 kiló főtt rákhús

2 gerezd fokhagyma, felaprítva

½ citrom héja és leve

½ csésze majonéz

1 édesköményhagyma, apróra vágva

Só és fekete bors ízlés szerint

4 karika, apróra vágva, olajozva és pirítva

Utasítás

Készítsen vízfürdőt, és tegye bele a Sous Vide-t. Állítsa 137 F-ra. Keverje össze a fokhagymát, a citromhéjat és 1/4 csésze citromlevet. A rákhúst visszazárható zacskóba helyezzük a vajas-citromos keverékkel. Engedje ki a levegőt a víz kinyomásával, zárja le és merítse vízfürdőbe a zacskót. 50 percig főzzük.

Miután az időzítő leállt, vegye ki a zacskót, és tegye át egy tálba. Öntse ki a főzőlevet. A rákhúst összekeverjük a maradék citromlével, majonézzel, édesköménnyel, kaporral, sóval, borssal. Tálalás előtt töltsük meg a tekercseket a rákkeverékkel.

Fűszeres elszenesedett polip citrommártással

Elkészítés + főzési idő: 4 óra 15 perc | Adagok: 4

Hozzávalók

5 evőkanál olívaolaj
1 kilós polip csápok
Só és fekete bors ízlés szerint
2 evőkanál citromlé
1 evőkanál citromhéj
1 evőkanál apróra vágott friss petrezselyem
1 teáskanál kakukkfű
1 evőkanál paprika

Utasítás

Készítsen vízfürdőt, és helyezze bele a Sous Vide-t. Állítsa 179 F-ra. Vágja a csápokat közepes méretű darabokra. Sózzuk és borsozzuk. Helyezze a hosszúságokat az olívaolajjal egy visszazárható zacskóba. Engedje ki a levegőt a víz kinyomásával, zárja le és merítse vízfürdőbe a zacskót. 4 órán át főzzük.

Miután az időzítő leállt, távolítsa el a polipot, és törölje szárazra egy konyharuhával. Öntse ki a főzőlevet. Meglocsoljuk olívaolajjal.

Melegítsük fel a grillt közepes lángon, és grillezzük a csápokat oldalanként 10-15 másodpercig. Félretesz, mellőz. A citromlevet, a citromhéjat, a paprikát, a kakukkfüvet és a petrezselymet jól összekeverjük. A citromöntetet a polipra öntjük.

Kreol garnélarákból készült kebab

Elkészítés + főzési idő: 50 perc | Adagok: 4

Hozzávalók

1 citrom héja és leve
6 evőkanál vaj
2 gerezd fokhagyma, felaprítva
Só és fehér bors ízlés szerint
1 evőkanál kreol fűszer
1½ font garnélarák, megtisztítva
1 evőkanál őrölt friss kapor + díszítéshez
citrom szeleteket

Utasítás

Készítsen vízfürdőt, és helyezze bele a Sous Vide-t. 137F-ra állítva.

Olvasszuk fel a vajat egy serpenyőben közepes lángon, és adjuk hozzá a fokhagymát, a kreol fűszereket, a citrom héját és levét, sózzuk és borsozzuk. 5 percig főzzük, amíg a vaj elolvad. Tegyük félre, és hagyjuk kihűlni.

Helyezze a garnélarákokat egy visszazárható zacskóba a vajas keverékkel. Engedje ki a levegőt a víz kinyomásával, zárja le és merítse vízfürdőbe a zacskót. 30 percig főzzük.

Miután az időzítő leállt, távolítsa el a garnélarákokat, és szárítsa meg őket konyharuhával. Öntse ki a főzőlevet. A garnélarákot kebabra fűzzük, és kaporral és kifacsart citrommal díszítjük a tálaláshoz.

Garnélarák fűszeres mártással

Elkészítés + főzési idő: 40 perc + hűtési idő | Adagok: 5

Hozzávalók

2 kilogramm garnélarák, megtisztítva és meghámozva
1 csésze paradicsompüré
2 evőkanál tormaszósz
1 teáskanál citromlé
1 teáskanál tabasco szósz
Só és fekete bors ízlés szerint

Utasítás

Készítsen vízfürdőt, és tegye bele a Sous Vide-t. Állítsa 137 F-ra. Helyezze a garnélarákot egy vákuummal lezárható zacskóba. Engedje ki a levegőt víznyomásos módszerrel, zárja le és merítse a zacskót a fürdőbe. 30 percig főzzük.

Az időzítő leállása után vegye ki a zacskót, és helyezze jeges vízfürdőbe 10 percre. 1-6 órát hűtőben hűlni hagyjuk. Keverje jól össze a paradicsompürét, a tormaszószt, a szójaszószt, a citromlevet, a tabasco szószt, a sót és a borsot. Tálaljuk a garnélarákot a szósszal.

Halibut hagymával és tárkonnyal

Elkészítés + főzési idő: 50 perc | Adagok: 2

Hozzávalók:

2 lb lepényhal filé
3 szál tárkonylevél
1 teáskanál fokhagyma por
1 teáskanál hagymapor
Só és fehér bors ízlés szerint
2 ½ teáskanál + 2 teáskanál vaj
2 medvehagyma meghámozva és félbevágva
2 szál kakukkfű
Citromszeletek a díszítéshez

Utasítás:

Készítsünk vízfürdőt, tedd bele a Sous Vide-t és állítsd 124 F-ra. A lepényhalfilét vágd 3 darabra, és dörzsöld be sóval, fokhagymaporral, hagymaporral és borssal. Helyezze a filéket, a tárkonyt és a 2 ½ teáskanál vajat 3 különálló, visszazárható zacskóba. Engedje ki a levegőt a víznyomásos módszerrel, és zárja le a zacskókat. Tedd őket vízfürdőbe, és főzd 40 percig.

Az időzítő leállása után vegye ki és nyissa ki a zacskókat. Tegye a serpenyőt lassú tűzre, és adja hozzá a maradék vajat. Miután felmelegítette, távolítsa el a lepényhal bőrét, és szárítsa meg. Hozzáadjuk a lepényhalat medvehagymával és kakukkfűvel, és alul-felül ropogósra sütjük. Citrom szeletekkel díszítjük. Párolt zöldség oldalával tálaljuk.

Növényi vaj Lemon Cod

Elkészítés + főzési idő: 37 perc | Adagok: 6

Hozzávalók

8 evőkanál vaj
6 tőkehal filé
Só és fekete bors ízlés szerint
½ citrom héja
1 evőkanál őrölt friss kapor
½ evőkanál darált friss metélőhagyma
½ evőkanál darált friss bazsalikom
½ evőkanál őrölt friss zsálya

Utasítás

Készítsen vízfürdőt, és helyezze bele a Sous Vide-t. Állítsa 134 F-ra. Ízesítse a tőkehalat sóval és borssal. Helyezze a tőkehalat és a citromhéjat egy visszazárható zacskóba.

A vajat, a kapor felét, a metélőhagymát, a bazsalikomot és a zsályát tedd egy speciális, vákuummal lezárható zacskóba. Engedje ki a levegőt a víznyomásos módszerrel, zárja le és merítse vízfürdőbe mindkét zacskót. 30 percig főzzük.

Miután az időzítő leállt, távolítsa el a tőkehalat, és szárítsa meg konyharuhával. Öntse ki a főzőlevet. Vegye ki a vajat a második zacskóból, és öntse rá a tőkehalra. Díszítsük a maradék kaporral.

Horkants Beurre Nantais-szal

Elkészítés + főzési idő: 45 perc | Adagok: 6

Hozzávalók:

fűrészes sügér:

2 font lepényhal, egyenként 3 darabra vágva
1 teáskanál köménypor
½ teáskanál fokhagymapor
½ teáskanál hagymapor
½ teáskanál koriander por
¼ csésze halfűszer
¼ csésze pekándió olaj
Só és fehér bors ízlés szerint

Beurre Blanc:

1 lb vaj
2 evőkanál almaecet
2 medvehagyma, darálva
1 teáskanál törött bors
5 oz nehéz tejszín,
Sózzuk ízlés szerint
2 szál kapor
1 evőkanál citromlé
1 evőkanál sáfránypor

Utasítás:

Készítsünk vízfürdőt, tedd bele a Sous Vide-t, és állítsd 132 F-ra. Fűszerezd a csuhédarabokat sóval és fehér borssal. Vákummal zárható zacskóba helyezzük, vízkiszorításos módszerrel engedjük ki a levegőt, zárjuk le és merítsük vízfürdőbe. Állítsa be az időzítőt 30 percre. Keverjük össze a köményt, a fokhagymát, a hagymát, a koriandert és a halfűszert. Félretesz, mellőz.

Közben elkészítjük a beurre blanc-t. Helyezze a serpenyőt közepes lángra, és adja hozzá a medvehagymát, az ecetet és a borsot. Forraljuk fel, hogy szirupot kapjunk. Csökkentse a hőt alacsonyra, és folytonos keverés mellett adjuk hozzá a vajat. Adjuk hozzá a kaprot, a citromlevet és a sáfránypor, folyamatosan keverjük, és főzzük 2 percig. Adjunk hozzá tejszínt és sót. 1 percig főzzük. Kapcsold le a tüzet és tedd félre.

Az időzítő leállása után vegye ki és nyissa ki a zacskót. A serpenyőt közepes lángra tesszük, hozzáadjuk a dióolajat. A halat leszárítjuk és fűszerkeverékkel ízesítjük, majd felhevített olajban kisütjük. Tálaljuk a burgonyát és a beurre nantaist párolt spenóttal.

Tonhal pehely

Elkészítés + főzési idő: 1 óra 45 perc | Adagok: 4

Hozzávalók:

¼ lb tonhal steak
1 teáskanál rozmaringlevél
1 teáskanál kakukkfű levél
2 csésze olívaolaj
1 gerezd fokhagyma, felaprítva

Utasítás:

Készítsen vízfürdőt, tegye bele a Sous Vide-t, és állítsa 135 F-ra. Helyezze a tonhalszeletet, sót, rozmaringot, fokhagymát, kakukkfüvet és két evőkanál olajat egy visszazárható zacskóba. Engedje ki a levegőt a víz kinyomásával, zárja le és merítse vízfürdőbe a zacskót. Állítsa az időzítőt 1 óra 30 percre.

Az időzítő leállása után vegye ki a zsákot. Tegye a tonhalat egy tálba, és tegye félre. Tegye a serpenyőt nagy lángra, adjon hozzá a maradék olívaolajat. Ha felforrósodott, ráöntjük a tonhalra. A tonhalat két villával szaggatjuk. Tegye át és tárolja egy légmentesen záródó edényben olívaolajjal legfeljebb egy hétig. Salátákba tálaljuk.

Fésűkagyló vajban

Elkészítés + főzési idő: 55 perc | Adagok: 3

Hozzávalók:

½ font tengeri herkentyű
3 teáskanál vaj (2 teáskanál főzéshez + 1 teáskanál sütéshez)
Só és fekete bors ízlés szerint

Utasítás:

Készítsen vízfürdőt, tegye bele a Sous Vide-t, és állítsa 140 F-ra. Papírtörlővel törölje szárazra a tengeri herkentyűket. Tegye a tengeri herkentyűket, sót, 2 evőkanál vajat és borsot egy visszazárható zacskóba. Engedje ki a levegőt a víznyomásos módszerrel, zárja le és merítse a zacskót vízfürdőbe, és állítsa be az időzítőt 40 percre.

Az időzítő leállása után vegye ki és nyissa ki a zacskót. Szárítsa meg a kagylót papírtörlővel, és tegye félre. Helyezze a serpenyőt közepes lángra és a maradék vajat. Amikor felolvad, a tengeri herkentyűket mindkét oldalukon aranybarnára sütjük. Vajban kevert zöldség körethez tálaljuk.

Mentás szardínia

Elkészítés + főzési idő: 1 óra 20 perc | Adagok: 3

Hozzávalók:

2 kilogramm szardínia
¼ csésze olívaolaj
3 gerezd zúzott fokhagyma
1 nagy citrom, frissen facsart
2 szál friss menta
Só és fekete bors ízlés szerint

Utasítás:

Minden halat meg kell mosni és megtisztítani, de a bőrt megtartani. Konyhai papírral szárítsuk meg.

Egy nagy tálban keverje össze az olívaolajat fokhagymával, citromlével, friss mentával, sóval és borssal. Tegye a szardíniát egy nagy, visszazárható zacskóba a páccal együtt. Főzzük vízfürdőben 1 órán át 104 F-on. Vegyük ki a fürdőből és csepegtessük le, de a mártást őrizzük meg. A szószt és a párolt póréhagymát a halra öntjük.

Tengeri keszeg fehérborban

Elkészítés + főzési idő: 2 óra | Adagok: 2

Hozzávalók:

1 font tengeri keszeg, körülbelül 1 hüvelyk vastag, megtisztítva
1 csésze extra szűz olívaolaj
1 citrom, kifacsarva
1 evőkanál cukor
1 evőkanál szárított rozmaring
½ kanál szárított oregánó
2 gerezd zúzott fokhagyma
½ csésze fehérbor
1 teáskanál tengeri só

Utasítás:

Egy nagy tálban keverjük össze az olívaolajat citromlével, cukorral, rozmaringgal, oregánóval, préselt fokhagymával, borral és sóval. A halat mártsuk ebbe a keverékbe, és pácoljuk egy órára a hűtőszekrényben. Kivesszük a hűtőből és lecsepegtetjük, de a folyadékot a tálaláshoz tartsuk fenn. Helyezze a filéket egy nagy, visszazárható zacskóba, és zárja le. Főzzük az en Sous Vide-t 40 percig 122 F-on. A maradék pácot rákenjük a filére, és tálaljuk.

Lazac és kelkáposzta saláta avokádóval

Elkészítés + főzési idő: 1 óra | Adagok: 3

Hozzávalók:

1 kiló bőr nélküli lazacfilé
Só és fekete bors ízlés szerint
½ bio citrom, facsart
1 evőkanál olívaolaj
1 csésze apróra vágott kelkáposztalevél
½ csésze sült sárgarépa, szeletelve
½ érett avokádó, apró kockákra vágva
1 evőkanál friss kapor
1 evőkanál friss petrezselyemlevél

Utasítás:

Sózzuk, borsozzuk a filé mindkét oldalát, és tegyük egy nagy vákuumzacskóba. Zárja le a zacskót, és főzze en sous vide-on 40 percig 122 F-on. Vegye ki a lazacot a vízfürdőből, és tegye félre.

Keverjük össze a citromlevet, egy csipet sót és a fekete borsot egy keverőedényben, majd folyamatosan keverjük hozzá fokozatosan az olívaolajat. Adjuk hozzá az apróra vágott kelkáposztát, és dobjuk fel, hogy a vinaigrette egyenletesen bevonja. Hozzáadjuk a sült sárgarépát, az avokádót, a kaprot és a petrezselymet. Óvatosan keverjük össze. Tegyük át egy tálba, és lazaccal a tetején tálaljuk.

Gyömbéres lazac

Elkészítés + főzési idő: 45 perc | Adagok: 4

Hozzávalók:

4 lazac filé, bőrrel
2 teáskanál szezámolaj
1 ½ olívaolaj
2 evőkanál gyömbér, lereszelve
2 evőkanál cukor

Utasítás:

Készíts vízfürdőt, tedd bele a Sous Vide-t és állítsd 124F-ra. A lazacot sóval és borssal ízesítjük. A többi felsorolt hozzávalót egy tálba tesszük és összekeverjük.

Helyezze a lazac és cukor keveréket két vákuummal lezárható zacskóba, engedje ki a levegőt víznyomásos módszerrel, zárja le és merítse a zacskót vízfürdőbe. Állítsa be az időzítőt 30 percre.

Az időzítő leállása után vegye ki és nyissa ki a zacskót. A serpenyőt közepes lángra tesszük, az aljára sütőpapírt teszünk és felmelegítjük. Hozzáadjuk a lazacot, bőrös felével lefelé, és egyenként 1 percig pirítjuk. Vajazott brokkoli oldalával tálaljuk.

Kagyló friss lime lében

Elkészítés + főzési idő: 40 perc | Adagok: 2

Hozzávalók:

1 font friss kagyló, szakáll nélkül
1 közepes méretű hagyma, meghámozva és apróra vágva
Gerezd fokhagyma, zúzott
½ csésze frissen facsart limelé
¼ csésze friss petrezselyem, finomra vágva
1 evőkanál rozmaring, apróra vágva
2 evőkanál olívaolaj

Utasítás:

Tegye a kagylókat a lime levével, a fokhagymával, a hagymával, a petrezselyemmel, a rozmaringgal és az olívaolajjal együtt egy nagy, vákuummal zárható zacskóba. Főzzük a Sous Vide-t 30 percig 122 F-on. Tálaljuk zöldsalátával.

Fűszernövényekben pácolt tonhal steak

Elkészítés + főzési idő: 1 óra 25 perc | Adagok: 5

Hozzávalók:

2 kilós tonhal steak, körülbelül 1 hüvelyk vastag
1 teáskanál őrölt száraz kakukkfű
1 teáskanál friss bazsalikom, apróra vágva
¼ csésze finomra vágott medvehagyma
2 evőkanál friss petrezselyem, finomra vágva
1 evőkanál friss kapor, apróra vágva
1 teáskanál frissen reszelt citromhéj
½ csésze szezámmag
4 evőkanál olívaolaj
Só és fekete bors ízlés szerint

Utasítás:

Mossa meg a tonhalfilét hideg folyó víz alatt, és szárítsa meg konyhai papírral. Félretesz, mellőz.

Egy nagy tálban keverjük össze a kakukkfüvet, bazsalikomot, medvehagymát, petrezselymet, kaprot, olajat, sót és borsot. Keverje jól össze, majd mártsa bele a steakeket ebbe a pácba. Jól bevonjuk és 30 percre hűtőbe tesszük.

Tegye a steakeket egy nagy, visszazárható zacskóba a páccal együtt. Nyomja meg a zacskót a levegő eltávolításához, és zárja le a fedelet. Főzzük a Sous Vide-t 40 percig 131 fokon.

Vegye ki a steakeket a zacskóból, és tegye át konyhai papírra. Óvatosan szárítsa meg, és távolítsa el a gyógynövényeket. Melegíts fel egy serpenyőt magasan. A steakeket megforgatjuk szezámmagban, és áttesszük a serpenyőbe. Mindkét oldalát 1 percig sütjük, majd levesszük a tűzről.

Rák pogácsák

Elkészítés + főzési idő: 65 perc | Adagok: 4

Hozzávalók:

1 kiló darabos rákhús
1 csésze vöröshagyma, apróra vágva
½ csésze pirospaprika, apróra vágva
2 evőkanál chili paprika finomra vágva
1 evőkanál zellerlevél, apróra vágva
1 evőkanál petrezselyemlevél, apróra vágva
½ teáskanál tárkony, finomra vágva
Só és fekete bors ízlés szerint
4 evőkanál olívaolaj
2 evőkanál mandulaliszt
3 tojás, felvert

Utasítás:

Egy serpenyőben hevíts fel 2 evőkanál olívaolajat, és add hozzá a hagymát. Süssük átlátszóra, és adjunk hozzá apróra vágott pirospaprikát és chili paprikát. 5 percig főzzük állandó keverés mellett.

Tedd át egy nagy tálba. Adjuk hozzá a rákhúst, a zellert, a petrezselymet, a tárkonyt, a sót, a borsot, a mandulalisztet és a tojást. Jól összedolgozzuk, és 2 hüvelyk átmérőjű pogácsákat formázunk belőle. Finoman osszuk szét a hamburgert 2 visszazárható zacskóba, és zárjuk le őket. Főzzük sous vide-ban 40 percig 122 F-on.

A maradék olívaolajat egy tapadásmentes grillserpenyőben nagy lángon felhevítjük. Vegye ki a pogácsákat a vízfürdőből, és tegye át a serpenyőbe. Mindkét oldalát röviden 3-4 percig sütjük, és tálaljuk.

Chilis Smelts

Elkészítés + főzési idő: 1 óra 15 perc | Adagok: 5

Hozzávalók:

1 font friss illat
½ csésze citromlé
3 gerezd zúzott fokhagyma
1 teáskanál sót
1 csésze extra szűz olívaolaj
2 evőkanál friss kapor, apróra vágva
1 evőkanál metélőhagyma, darálva
1 evőkanál chili paprika, őrölt

Utasítás:

Öblítsük le a szagokat hideg folyó víz alatt, és csepegtessük le. Félretesz, mellőz.

Egy nagy tálban keverjük össze az olívaolajat citromlével, zúzott fokhagymával, tengeri sóval, finomra vágott kaporral, darált metélőhagymával és chili borssal. Tedd ebbe a keverékbe az illatokat, és fedd le. 20 percre hűtőbe tesszük.

Vegyük ki a hűtőből, és tegyük egy nagy, visszazárható zacskóba a páccal együtt. Főzzük sous vide-ban 40 percig 104 F-on. Vegyük ki a vízfürdőből és csepegtessük le, de a folyadékot tartsuk el.

Melegíts fel egy nagy serpenyőt közepesen magas lángon. Adjuk hozzá a fűszereket, és forgassuk őket röviden, 3-4 percig. Vegyük le a tűzről és tegyük egy tálra. Felöntjük a páccal és azonnal tálaljuk.

Pácolt harcsa filé

Elkészítés + főzési idő: 1 óra 20 perc | Adagok: 3

Hozzávalók:

1 kilogramm harcsafilé

½ csésze citromlé

½ csésze petrezselyemlevél, apróra vágva

2 gerezd zúzott fokhagyma

1 csésze hagyma, apróra vágva

1 evőkanál friss kapor, apróra vágva

1 evőkanál friss rozmaringlevél, apróra vágva

2 csésze frissen facsart almalé

2 evőkanál dijoni mustár

1 csésze extra szűz olívaolaj

Utasítás:

Egy nagy tálban keverjük össze a citromlevet, a petrezselyemleveleket, a zúzott fokhagymát, az apróra vágott hagymát, a friss kaprot, a rozmaringot, az almalevet, a mustárt és az olívaolajat. Addig verjük, amíg jól össze nem áll. A filéket mártsuk ebbe a keverékbe, és fedjük le szoros fedéllel. 30 percre hűtőbe tesszük.

Vegyük ki a hűtőszekrényből, és tegyük 2 db vákuummal zárható zacskóba. Zárja le és főzze sous vide-ben 40 percig 122 F-on. Vegye ki és csepegtesse le; mentse a folyadékot. Saját folyadékkal felöntve tálaljuk.

Petrezselymes garnélarák citrommal

Elkészítés + főzési idő: 35 perc | Adagok: 4

Hozzávalók:

12 nagy garnélarák, meghámozva és megtisztítva
1 teáskanál sót
1 teáskanál cukor
3 teáskanál olívaolaj
1 babérlevél
1 szál petrezselyem, apróra vágva
2 evőkanál citromhéj
1 evőkanál citromlé

Utasítás:

Készítsen vízfürdőt, tegye bele a Sous Vide-t, és állítsa 156 F-ra. Adja hozzá a garnélarákot, a sót és a cukrot a tálba, keverje össze, és hagyja állni 15 percig. Tegye visszazárható zacskóba a garnélarákot, a babérlevelet, az olívaolajat és a citromhéjat. Engedje ki a levegőt vízkiszorításos módszerrel és zárja le. Merítsük a fürdőbe, és forraljuk 10 percig. Az időzítő leállása után vegye ki és nyissa ki a zacskót. A garnélarákokat lecsepegtetjük, és citromlével meglocsoljuk.

Sous Vide laposhal

Elkészítés + főzési idő: 1 óra 20 perc | Adagok: 4

Hozzávalók:

1 kiló lepényhal filé
3 evőkanál olívaolaj
¼ csésze medvehagyma, finomra vágva
1 teáskanál frissen reszelt citromhéj
½ teáskanál őrölt szárított kakukkfű
1 evőkanál friss petrezselyem, finomra vágva
1 teáskanál friss kapor, apróra vágva
Só és fekete bors ízlés szerint

Utasítás:

Mossa meg a halat folyó hideg víz alatt, és szárítsa meg konyhai papírral. Vékony szeletekre vágjuk, és bőségesen megszórjuk sóval, borssal. Tegye egy nagy, visszazárható zacskóba, és adjon hozzá két evőkanál olívaolajat. Ízesítjük medvehagymával, kakukkfűvel, petrezselyemmel, kaporral, sóval, borssal.

Nyomja meg a zacskót a levegő eltávolításához, és zárja le a fedelet. Rázza fel a zacskót, hogy az összes filét bevonja a fűszerekkel, és főzés előtt 30 percre hűtőbe tesszük. Főzzük sous vide-ben 40 percig 131 F-on.

Vegyük ki a zacskót a vízből, és hagyjuk egy kicsit hűlni. Konyhai papírra tesszük és lecsepegtetjük. Távolítsa el a gyógynövényeket.

A maradék olajat egy nagy serpenyőben nagy lángon felhevítjük. Adjuk hozzá a filét és főzzük 2 percig. Fordítsuk meg a filéket, és főzzük körülbelül 35-40 másodpercig, majd vegyük le a tűzről. Tegye át a halat ismét papírtörlőre, és távolítsa el a felesleges zsírt. Azonnal tálaljuk.

Talp citromos vajjal

Elkészítés + főzési idő: 45 perc | Adagok: 3

Hozzávalók:

3 levél filé
1 ½ evőkanál sótlan vaj
¼ csésze citromlé
½ teáskanál citromhéj
Citrombors ízlés szerint
1 szál petrezselyem a díszítéshez

Utasítás:

Készítsen vízfürdőt, helyezze bele a Sous Vide-t, és állítsa 132 F-ra. Törölje szárazra a talpat, és helyezze 3 különálló vákuummal lezárható zacskóba. Engedje ki a levegőt a víznyomásos módszerrel, és zárja le a zacskókat. Merüljön el egy vízfürdőben, és állítsa be az időzítőt 30 percre.

Helyezzen egy kis serpenyőt közepes lángra, adjon hozzá vajat. Ha megolvad, levesszük a tűzről. Adjuk hozzá a citromlevet és a citromhéjat, és keverjük össze.

Az időzítő leállása után vegye ki és nyissa ki a zacskót. A levélfiléket tányérokra tesszük, meglocsoljuk a vajas szósszal, és petrezselyemmel díszítjük. Párolt zöld zöldségek köretével tálaljuk.

Tőkehal pörkölt bazsalikommal

Elkészítés + főzési idő: 50 perc | Adagok: 4

Hozzávalók:

1 font tőkehal filé
1 csésze sült paradicsom
1 evőkanál szárított bazsalikom
1 csésze hallé
2 evőkanál paradicsompüré
3 szár zeller, apróra vágva
1 sárgarépa, szeletelve
¼ csésze olívaolaj
1 hagyma apróra vágva
½ csésze gomba

Utasítás:

Melegítsük fel az olívaolajat egy nagy serpenyőben közepes lángon. Adjuk hozzá a zellert, a hagymát és a sárgarépát. 10 percig kevergetve pirítjuk. Levesszük a tűzről, és a többi hozzávalóval együtt vákuummal lezárható zacskóba tesszük. Főzzük sous vide-ban 40 percig 122 F-on.

Világos tilápia

Elkészítés + főzési idő: 1 óra 10 perc | Adagok: 3

Hozzávalók

3 (4 oz) tilápia filé
3 evőkanál vaj
1 evőkanál almaecet
Só és fekete bors ízlés szerint

Utasítás:

Hozzon létre egy vízfürdőt, helyezze bele a Sous Vide-t, és állítsa 124 F-ra. Fűszerezze a tilápiát borssal és sóval, és helyezze egy vákuummal lezárható zacskóba. Engedje ki a levegőt a víznyomásos módszerrel, és zárja le a zacskót. Merítse vízfürdőbe, és állítsa az időzítőt 1 órára.

Az időzítő leállása után vegye ki és nyissa ki a zacskót. Helyezze a serpenyőt közepes lángra, és adja hozzá a vajat és az ecetet. Főzzük és folyamatosan keverjük, amíg az ecet a felére csökken. Adjuk hozzá a tilápiát és pirítsuk egy kicsit. Ízlés szerint sózzuk, borsozzuk. Zöldséges körettel tálaljuk vajban.

Lazac spárgával

Elkészítés + főzési idő: 3 óra 15 perc | Adagok: 6

Hozzávalók:

1 kiló vadlazac filé
1 evőkanál olívaolaj
1 evőkanál szárított oregánó
12 közepes spárga
4 karika fokhagyma
1 evőkanál friss petrezselyem
Só és fekete bors ízlés szerint

Utasítás:

Fűszerezzük a filéket oregánóval, sózzuk, borsozzuk mindkét oldalát, és enyhén kenjük meg olívaolajjal.

Tegye egy nagy, vákuummal zárható edénybe a többi hozzávalóval együtt. Keverje össze az összes fűszert egy keverőtálban. Dörzsölje egyenletesen a keveréket a steak mindkét oldalára, és tegye egy nagy, visszazárható zacskóba. Zárja le a zacskót, és főzze sous videben 3 órán át 136 F-on.

Curry makréla

Elkészítés + főzési idő: 55 perc | Adagok: 3

Hozzávalók:

3 makréla filé fej nélkül
3 evőkanál curry paszta
1 evőkanál olívaolaj
Só és fekete bors ízlés szerint

Utasítás:

Készíts vízfürdőt, tedd bele a Sous Vide-t, és állítsd 120 F-ra. Fűszerezd a makrélát borssal és sóval, majd tedd egy vákuumzacskóba. Engedje ki a levegőt a vízkiszorításos módszerrel, zárja le és merítse vízfürdőbe, és állítsa be az időzítőt 40 percre.

Az időzítő leállása után vegye ki és nyissa ki a zacskót. Tegye a serpenyőt közepes lángra, adjon hozzá olívaolajat. Bevonjuk a makrélát curryvel (nem szárítjuk)

Ha felforrósodott, hozzáadjuk a makrélát, és aranybarnára sütjük. Párolt zöld leveles zöldségekkel tálaljuk.

Tintahal rozmaringgal

Elkészítés + főzési idő: 1 óra 15 perc | Adagok: 3

Hozzávalók:

1 kiló friss tintahal, egészben
½ csésze extra szűz olívaolaj
1 evőkanál rózsaszín himalájai só
1 evőkanál száraz rozmaring
3 gerezd zúzott fokhagyma
3 koktélparadicsom félbevágva

Utasítás:

Minden egyes tintahalat alaposan öblítsen folyó víz alatt. Távolítsa el a fejeket minden tintahalról egy éles késsel, és tisztítsa meg.

Egy nagy tálban keverjük össze az olívaolajat sóval, szárított rozmaringgal, koktélparadicsommal és zúzott fokhagymával. A tintahalat mártsuk ebbe a keverékbe, és tegyük a hűtőbe 1 órára. Ezután kivesszük és lecsepegtetjük. Helyezze a tintahalat és a koktélparadicsomot egy nagy vákuumzacskóba. Főzzük en sous vide-ban egy órán keresztül 136 F-on.

Sült citromos garnélarák

Elkészítés + főzési idő: 50 perc | Adagok: 3

Hozzávalók:

1 font garnélarák, meghámozva és kivágva
3 evőkanál olívaolaj
½ csésze frissen facsart citromlé
1 gerezd fokhagyma, zúzott
1 teáskanál friss rozmaring, összetörve
1 teáskanál tengeri só

Utasítás:

Keverjük össze az olívaolajat citromlével, zúzott fokhagymával, rozmaringgal és sóval. Konyhai ecsettel kenje szét a keveréket minden garnélarákon, és helyezze egy nagy, visszazárható zacskóba. Főzzük sous vide-ben 40 percig 104 F-on.

Grillezett polip

Elkészítés + főzési idő: 5 óra 20 perc | Adagok: 3

Hozzávalók:

½ lb közepes polip csápok, kifehéredve

Só és fekete bors ízlés szerint

3 teáskanál + 3 evőkanál olívaolaj

2 teáskanál szárított oregánó

2 szál friss petrezselyem, apróra vágva

Jég jeges fürdőhöz

Utasítás:

Készítsen vízfürdőt, tegye bele a Sous Vide-t, és állítsa 171 F-ra.

Helyezze a polipot, sót, 3 teáskanál olívaolajat és borsot egy visszazárható zacskóba. Engedje ki a levegőt a víz kinyomásával, zárja le és merítse vízfürdőbe a zacskót. Állítsa be az időzítőt 5 órára.

Az időzítő leállása után vegye ki a zacskót, és fedje le jeges fürdőbe. Félretesz, mellőz. Melegítse fel a grillt.

Amikor a grill forró, tegyük át a polipot egy tányérra, adjunk hozzá 3 evőkanál olívaolajat és masszírozzuk be. A polipot grillezzük úgy, hogy minden oldala szépen megpiruljon. Adjuk hozzá a polipot, és díszítsük petrezselyemmel és oregánóval. Édes, fűszeres szósszal tálaljuk.

Vad lazac steakek

Elkészítés + főzési idő: 1 óra 25 perc | Adagok: 4

Hozzávalók:

2 kilogrammos vadlazac steakek
3 gerezd zúzott fokhagyma
1 evőkanál friss rozmaring, apróra vágva
1 evőkanál frissen facsart citromlé
1 evőkanál frissen facsart narancslé
1 teáskanál narancshéj
1 teáskanál rózsaszín himalájai só
1 csésze hallé

Utasítás:

Keverje össze a narancslevet citromlével, rozmaringgal, fokhagymával, narancshéjjal és sóval. A keveréket minden steakre kenjük, és 20 percre hűtőbe tesszük. Tegyük át egy nagy, visszazárható zacskóba, és öntsük bele a hallét. Zárja le a zacskót, és főzze sous vide-ben 50 percig 131 F-on.

Melegítsen fel egy nagy tapadásmentes grillserpenyőt. Vegye ki a steakeket a vákuumzacskóból, és mindkét oldalukon 3 percig grillezze, amíg enyhén megpirul.

Tilapia pörkölt

Elkészítés + főzési idő: 65 perc | Adagok: 3

Hozzávalók:

1 kiló tilápia filé

½ csésze hagyma, apróra vágva

1 csésze sárgarépa, apróra vágva

½ csésze korianderlevél, apróra vágva

3 gerezd fokhagyma, finomra vágva

1 csésze zöldpaprika, finomra vágva

1 teáskanál olasz fűszerkeverék

1 teáskanál cayenne bors

½ teáskanál chili paprika

1 csésze friss paradicsomlé

Só és fekete bors ízlés szerint

3 evőkanál olívaolaj

Utasítás:

Melegítsük fel az olívaolajat közepes lángon. Adjuk hozzá az apróra vágott hagymát, és pirítsuk áttetszővé.

Most adjuk hozzá a kaliforniai paprikát, sárgarépát, fokhagymát, koriandert, olasz fűszerkeveréket, cayenne borsot, chili borsot, sót és fekete borsot. Jól összekeverjük és további tíz percig főzzük.

Vegyük le a tűzről, és tegyük egy nagy, visszazárható zacskóba a paradicsomlével és a tilápiafilével együtt. Főzzük sous vide-ban 50 percig 122 F-on. Vegyük le a vízfürdőről, és tálaljuk.

Vajas kagylók borssal

Elkészítés + főzési idő: 1 óra 30 perc | Adagok: 2

Hozzávalók:

4 oz konzerv kagyló
¼ csésze száraz fehérbor
1 zellerszár kockákra vágva
1 kockára vágott paszternák
1 medvehagyma negyedekre vágva
1 babérlevél
1 evőkanál fekete bors
1 evőkanál olívaolaj
8 evőkanál szobahőmérsékletű vaj
1 evőkanál apróra vágott friss petrezselyem
2 gerezd fokhagyma, felaprítva
Sózzuk ízlés szerint
1 teáskanál frissen vágott fekete bors
¼ csésze panko zsemlemorzsa
1 bagett, szeletelve

Utasítás:

Készítsen vízfürdőt, és helyezze bele a Sous Vide-t. Állítsa 154 F-ra. Tegye a kagylót, a medvehagymát, a zellert, a paszternákot, a bort, a szemes borsot, az olívaolajat és a babérlevelet egy vákuummal zárható zacskóba. Engedje ki a levegőt a víz kinyomásával, zárja le és merítse vízfürdőbe a zacskót. 60 percig főzzük.

A vajat, petrezselymet, sót, fokhagymát és őrölt borsot mixerrel összekeverjük. Közepes sebességgel keverjük össze. Tegye a keveréket egy műanyag zacskóba, és tekerje fel. Hűtőbe tesszük és hagyjuk kihűlni.

Az időzítő leállása után távolítsa el a csigát és a zöldségeket. Öntse ki a főzőlevet. Egy serpenyőt erős lángon felhevítünk. Kenjük meg a héjakat vajjal, szórjunk rá zsemlemorzsát, és főzzük 3 percig, amíg elolvad. Meleg bagettszeletekkel tálaljuk.

Koriander Pisztráng

Elkészítés + főzési idő: 60 perc | Adagok: 4

Hozzávalók:

2 kilogramm pisztráng, 4 db
5 gerezd fokhagyma
1 evőkanál tengeri só
4 evőkanál olívaolaj
1 csésze korianderlevél, apróra vágva
2 evőkanál rozmaring, apróra vágva
¼ csésze frissen facsart citromlé

Utasítás:

Tisztítsa meg és öblítse le jól a halat. Konyhai papírral szárítsd meg és dörzsöld be sóval. Keverjük össze a fokhagymát olívaolajjal, korianderrel, rozmaringgal és citromlével. Minden halat megtöltünk a keverékkel. Tegye külön vákuummal zárható tasakokba és zárja le. Főzzük a Sous Vide-t 45 percig 131 F-on.

Tintahal gyűrűk

Elkészítés + főzési idő: 1 óra 25 perc | Adagok: 3

Hozzávalók:

2 csésze tintahal karika
1 evőkanál friss rozmaring
Só és fekete bors ízlés szerint
½ csésze olívaolaj

Utasítás:

Egy nagy tiszta műanyag zacskóban keverje össze a tintahal karikákat rozmaringgal, sóval, borssal és olívaolajjal. Zárja le a zacskót, és rázza meg néhányszor, hogy jól bevonja. Tegye át egy nagy, vákuummal zárható zacskóba, és zárja le. Főzzük sous videben 1 óra 10 percig 131 F-on. Vegyük le a vízfürdőről, és tálaljuk.

Chilis garnélarák és avokádó saláta

Elkészítés + főzési idő: 45 perc | Adagok: 4

Hozzávalók:

1 apróra vágott vöröshagyma

2 lime leve

1 teáskanál olívaolaj

¼ teáskanál tengeri só

⅛ teáskanál fehér bors

1 font nyers garnélarák, meghámozva és kifőzve

1 kockára vágott paradicsom

1 kockára vágott avokádó

1 zöld chili paprika kimagozva és felkockázva

1 evőkanál apróra vágott koriander

Utasítás:

Készítsen vízfürdőt, és helyezze bele a Sous Vide-t. 148F-ra állítva.

Helyezze a lime levét, a lilahagymát, a tengeri sót, a fehér borsot, az olívaolajat és a garnélarákot egy visszazárható zacskóba. Engedje ki a levegőt a víz kinyomásával, zárja le és merítse vízfürdőbe a zacskót. 24 percig főzzük.

Az időzítő leállása után vegye ki a zacskót, és helyezze jeges vízfürdőbe 10 percre. Egy tálban keverjük össze a paradicsomot, az avokádót, a zöld chili paprikát és a koriandert. A tetejére öntjük a zacskó tartalmát.

Vajas Vörös Snapper citrusos sáfránymártással

Elkészítés + főzési idő: 55 perc | Adagok: 4

Hozzávalók

4 db megtisztított pirospaprika

2 evőkanál vaj

Só és fekete bors ízlés szerint

A citrusos szószhoz

1 citrom

1 grapefruit

1 lime

3 narancs

1 teáskanál dijoni mustár

2 evőkanál repceolaj

1 fej sárgahagyma

1 cukkini kockákra vágva

1 teáskanál sáfrány

1 teáskanál chili paprika kockákra vágva

1 evőkanál cukor

3 csésze hallé

3 evőkanál apróra vágott koriander

Utasítás

Készítsen vízfürdőt, és helyezze bele a Sous Vide-t. Állítsa 132 F-ra. Fűszerezze a snapper filéket sóval és borssal, és helyezze egy vákuummal lezárható zacskóba. Engedje ki a levegőt a víz kinyomásával, zárja le és merítse vízfürdőbe a zacskót. 30 percig főzzük.

A gyümölcsöt meghámozzuk és kockákra vágjuk. Egy serpenyőben közepes lángon felhevítjük az olajat, majd hozzáadjuk a hagymát és a cukkinit. 2-3 percig pároljuk. Adjunk hozzá gyümölcsöt, sáfrányt, borsot, mustárt és cukrot. Főzzük még 1 percig. Keverjük össze a halászlét és pároljuk 10 percig. Díszítsük korianderrel és tegyük félre. Az időzítő leállása után vegye ki a halat, és tegye át egy tányérra. Citrusos és sáfrányos szósszal megkenjük és tálaljuk.

Tőkehal filé szezámhéjban

Elkészítés + főzési idő: 45 perc | Adagok: 2

Hozzávalók

1 nagy tőkehal filé
2 evőkanál szezámpaszta
1½ evőkanál barna cukor
2 evőkanál halszósz
2 evőkanál vaj
szezám

Utasítás

Készítsen vízfürdőt, és helyezze bele a Sous Vide-t. 131F-ra állítva.

Mártsuk a tőkehalat barna cukor, szezámpaszta és halszósz keverékébe. Tegye egy vákuummal lezárható zacskóba. Engedje ki a levegőt a víz kinyomásával, zárja le és merítse vízfürdőbe a zacskót. 30 percig főzzük. Olvasszuk fel a vajat egy serpenyőben közepes lángon.

Az időzítő leállása után vegye ki a tőkehalat, tegye át a serpenyőbe, és süsse 1 percig. Tálaláskor tálaljuk. Öntsük a főzőlevet a serpenyőbe, és főzzük addig, amíg meg nem puhul. Adjunk hozzá 1 evőkanál vajat és keverjük össze. A szószt ráöntjük a tőkehalra, és szezámmaggal díszítjük. Rizzsel tálaljuk.

Tejszínes lazac spenóttal és mustáros szósszal

Elkészítés + főzési idő: 55 perc | Adagok: 2

énösszetevőket

4 bőr nélküli lazacfilé
1 nagy csokor spenót
½ csésze dijoni mustár
1 csésze nehéz tejszín
1 csésze fél és fél tejszín
1 evőkanál citromlé
Só és fekete bors ízlés szerint

Utasítás

Készítsen vízfürdőt, és helyezze bele a Sous Vide-t. Állítsa 115 F-ra. Helyezze a sóval fűszerezett lazacot egy vákuummal zárható zacskóba. Engedje ki a levegőt a víz kinyomásával, zárja le és merítse vízfürdőbe a zacskót. 45 percig főzzük.

Melegíts fel egy edényt közepes lángon, és főzd puhára a spenótot. Csökkentse a hőt, és öntsön hozzá citromlevet, borsot és sót. Főzz tovább. Melegíts fel egy edényt közepesen magas lángon, és keverd össze a fele-fele tejszínt és a dijoni mustárt. Csökkentse a hőt és főzzük. Sózzuk és borsozzuk. Az időzítő leállása után vegye ki a lazacot, és tegye át egy tányérra. Felöntjük a szósszal. Spenóttal tálaljuk.

Paprikás kagyló friss salátával

Elkészítés + főzési idő: 55 perc | Adagok: 4

Hozzávalók

1 kiló fésűkagyló

1 teáskanál fokhagyma por

½ teáskanál hagymapor

½ teáskanál paprika

¼ teáskanál cayenne bors

Só és fekete bors ízlés szerint

Saláta

3 csésze kukoricaszem

½ liter félbevágott koktélparadicsom

1 pirospaprika kockákra vágva

2 evőkanál apróra vágott friss petrezselyem

Kötszer

1 evőkanál friss bazsalikom

1 citrom negyedekre vágva

Utasítás

Készítsen vízfürdőt, és helyezze bele a Sous Vide-t. 122F-ra állítva.

Helyezze a tengeri herkentyűket egy vákuummal zárható zacskóba. Sózzuk és borsozzuk. Egy tálban keverjük össze a fokhagymaport, a paprikát, a hagymát és a cayenne borsot. Öntse bele. Engedje ki a levegőt a víz kinyomásával, zárja le és merítse vízfürdőbe a zacskót. 30 percig főzzük.

Közben melegítse elő a sütőt 400 F-ra. Helyezze a kukoricaszemeket és a pirospaprikát egy rakott edénybe. Meglocsoljuk olívaolajjal, és sóval, borssal ízesítjük. 5-10 percig főzzük. Tegyük át egy tálba, és keverjük össze petrezselyemmel. Egy tálban jól összekeverjük az öntet hozzávalóit, és ráöntjük a kukoricaszemekre.

Az időzítő leállása után vegye ki a zacskót, és tegye át a forró serpenyőbe. Mindkét oldalát 2 percig sütjük. Tálaljuk tányéron, kagylón és salátán. Bazsalikommal és citromkarikával díszítjük.

Édes kagyló mangóval

Elkészítés + főzési idő: 50 perc | Adagok: 4

Hozzávalók

1 font nagy fésűkagyló

1 evőkanál vaj

Szósz

1 evőkanál citromlé

2 evőkanál olívaolaj

Díszít

1 evőkanál lime héja

1 evőkanál narancshéj

1 csésze kockára vágott mangó

1 vékonyra szeletelt Serrano paprika

2 evőkanál apróra vágott mentalevél

Utasítás

Helyezze a tengeri herkentyűket egy vákuummal zárható zacskóba. Sózzuk és borsozzuk. Egy éjszakán át a hűtőben hűlni hagyjuk. Készítsen vízfürdőt, és helyezze bele a Sous Vide-t. Állítsa 122 F-ra. Engedje ki a levegőt a víznyomásos módszerrel, zárja le és merítse a zacskót vízfürdőbe. 15-35 percig főzzük.

Melegítsünk fel egy serpenyőt közepes lángon. A szósz hozzávalóit egy tálban jól összekeverjük. Az időzítő leállása után távolítsa el a tengeri herkentyűket, tegye át a serpenyőbe, és süsse aranybarnára. Tányéron tálaljuk. Meglocsoljuk a szószt, és hozzáadjuk a díszítéshez szükséges hozzávalókat.

Póréhagyma és garnélarák mustáros vinaigrette-vel

Elkészítés + főzési idő: 1 óra 20 perc | Adagok: 4

énösszetevőket

6 póréhagyma
5 evőkanál olívaolaj
Só és fekete bors ízlés szerint
1 medvehagyma, darálva
1 evőkanál rizsecet
1 teáskanál dijoni mustár
1/3 font főtt öböl garnélarák
Apróra vágott friss petrezselyem

Utasítás

Készítsen vízfürdőt, és helyezze bele a Sous Vide-t. 183F-ra állítva.

Vágja le a póréhagyma tetejét, és távolítsa el az alját. Hideg vízben megmossuk és meglocsoljuk 1 evőkanál olívaolajjal. Sózzuk és borsozzuk. Tegye egy vákuummal lezárható zacskóba. Engedje ki a levegőt a víz kinyomásával, zárja le és merítse vízfürdőbe a zacskót. 1 órán át főzzük.

Eközben a vinaigrettehez keverje össze a medvehagymát, a dijoni mustárt, az ecetet és 1/4 csésze olívaolajat egy tálban. Sózzuk és borsozzuk. Az időzítő leállása után vegye ki a zacskót, és helyezze át a jeges vízfürdőbe. Hagyjuk kihűlni. A póréhagymát 4 tányérba tesszük, és megsózzuk. Adjuk hozzá a garnélarákot, és öntsük rá a vinaigrette-re. Díszítsük petrezselyemmel.

Kókuszos garnéla leves

Elkészítés + főzési idő: 55 perc | Adagok: 6

Hozzávalók

8 nagy nyers garnélarák, meghámozva és kivágva

1 evőkanál vaj

Só és fekete bors ízlés szerint

A leveshez

1 kiló cukkini

4 evőkanál limelé

2 fej sárgahagyma apróra vágva

1-2 kis piros chili apróra vágva

1 szál citromfű, csak fehér rész, apróra vágva

1 teáskanál garnélarák paszta

1 teáskanál cukor

1½ csésze kókusztej

1 teáskanál tamarind paszta

1 csésze víz

½ csésze kókuszkrém

1 evőkanál halszósz

2 evőkanál friss bazsalikom apróra vágva

Utasítás

Készítsen vízfürdőt, és helyezze bele a Sous Vide-t. Állítsa 142 F-ra. Helyezze a garnélarákot és a vajat egy vákuummal lezárható zacskóba. Sózzuk és borsozzuk. Engedje ki a levegőt a víz kinyomásával, zárja le és merítse vízfürdőbe a zacskót. 15-35 percig főzzük.

Közben meghámozzuk a cukkinit, és eltávolítjuk a magokat. Vágjuk kockákra. Egy konyhai robotgépben adjunk hozzá hagymát, citromfüvet, chilit, garnélarákpasztát, cukrot és 1/2 csésze kókusztejet. Pépesítésig turmixoljuk.

Melegítsen fel egy serpenyőt alacsony lángon, és keverje össze a hagymás keveréket, a maradék kókusztejet, a tamarindpasztát és a vizet. Adjuk hozzá a cukkinit és főzzük 10 percig.

Az időzítő leállása után távolítsa el a garnélarákot, és tegye át a húslevesbe. Verjük fel a kókusztejszínt, a lime levét és a bazsalikomot. Tálaljuk leveses edényekben.

Mézes lazac soba tésztával

Elkészítés + főzési idő: 40 perc | Adagok: 4

Hozzávalók

<u>Lazac</u>

6 oz lazacfilé, bőrrel

Só és fekete bors ízlés szerint

1 teáskanál szezámolaj

1 csésze olívaolaj

1 evőkanál friss gyömbér, lereszelve

2 evőkanál méz

<u>Szezám szoba</u>

4 oz száraz soba tészta

1 evőkanál szőlőmagolaj

2 gerezd fokhagyma, apróra vágva

½ fej karfiol

3 evőkanál tahini

1 teáskanál szezámolaj

2 teáskanál olívaolaj

¼ lime lében

1 szeletelt újhagyma szár

¼ csésze koriander, durvára vágva

1 teáskanál pirított mák

Lime szelet díszítéshez

Szezámmag díszítéshez

2 evőkanál koriander, apróra vágva

Utasítás

Készítsen vízfürdőt, és helyezze bele a Sous Vide-t. Állítsa 123 F-ra. Ízesítse a lazacot sóval és borssal. Egy tálban keverjük össze a szezámolajat, az olívaolajat, a gyömbért és a mézet. Helyezze a lazacot és a keveréket egy vákuummal lezárható zacskóba. Jól rázza fel. Engedje ki a levegőt a víz kinyomásával, zárja le és merítse vízfürdőbe a zacskót. 20 percig főzzük.

Közben elkészítjük a soba tésztát. Egy serpenyőben nagy lángon felhevítjük a szőlőmagolajat, és kevergetve 6-8 percig pirítjuk benne a karfiolt és a fokhagymát. Egy tálban jól összekeverjük a tahinit, az olívaolajat, a szezámolajat, a lime levét, a koriandert, a zöldhagymát és a pirított szezámmagot. A tésztát leszűrjük, és a karfiolhoz adjuk.

Egy serpenyőt erős lángon felhevítünk. Sütőpapírral lefedjük. Miután az időzítő leállt, távolítsa el a lazacot, és tegye át a serpenyőbe. 1 percig pirítjuk. A tésztát két tálban tálaljuk, és hozzáadjuk a lazacot. Lime szeletekkel, mákkal és korianderrel díszítjük.

Ínyenc homár majonézzel

Elkészítés + főzési idő: 40 perc | Adagok: 2

Hozzávalók

2 homár farok
1 evőkanál vaj
2 fej édes hagyma apróra vágva
3 evőkanál majonéz
Sózzuk ízlés szerint
Egy csipet fekete bors
2 teáskanál citromlé

Utasítás

Készítsen vízfürdőt, és helyezze bele a Sous Vide-t. 138F-ra állítva.

A vizet egy edényben nagy lángon felforraljuk. Nyissa ki a homár farkának héját, és merítse vízbe. 90 másodpercig főzzük. Vigye át jeges vízfürdőbe. 5 percig hűlni hagyjuk. Törje le a héjakat és távolítsa el a farkokat.

Tedd a farkat a vajjal egy vákuummal lezárható zacskóba. Engedje ki a levegőt a víz kinyomásával, zárja le és merítse vízfürdőbe a zacskót. 25 percig főzzük.

Miután az időzítő leállt, távolítsa el a farkokat és szárítsa meg. Ülj félre. 30 percig hűlni hagyjuk. Egy tálban összekeverjük a majonézt, az édes hagymát, a paprikát és a citromlevet. Vágja fel a farkokat, adjuk hozzá a majonézes keverékhez, és jól keverje össze. Pirított kenyérrel tálaljuk.

Garnélaparti koktél

Elkészítés + főzési idő: 40 perc | Adagok: 2

Hozzávalók

1 font garnélarák, meghámozva és kivágva
Só és fekete bors ízlés szerint
4 evőkanál friss kapor apróra vágva
1 evőkanál vaj
4 evőkanál majonéz
2 evőkanál újhagyma, darálva
2 teáskanál frissen facsart citromlé
2 teáskanál paradicsompüré
1 evőkanál tabasco szósz
4 hosszúkás tekercs vacsorára
8 levél zöldsaláta
½ citrom, szeletekre vágva

Utasítás

Készítsen vízfürdőt, és helyezze bele a Sous Vide-t. Állítsa 149 F-ra. A fűszerezéshez jól keverje össze a majonézt, a zöldhagymát, a citromlevet, a paradicsompürét és a Tabasco szószt. Sózzuk és borsozzuk.

Helyezze a garnélarákot és a fűszereket egy vákuumos zárható zacskóba. Adjunk hozzá 1 evőkanál kaprot és 1/2 evőkanál vajat minden csomaghoz. Engedje ki a levegőt a víz kinyomásával, zárja le és merítse vízfürdőbe a zacskót. 15 percig főzzük.

Melegítse elő a sütőt 400 F-ra, és süsse meg a vacsoratekercseket 15 percig. Az időzítő leállása után vegye ki a zacskót és ürítse ki. Helyezze a garnélarákot az öntettel együtt a tálba, és jól keverje össze. Citromos zöld saláta karikára tálaljuk.

Herby citromos lazac

Elkészítés + főzési idő: 45 perc | Adagok: 2

Hozzávalók

2 bőr nélküli lazacfilé
Só és fekete bors ízlés szerint
¾ csésze extra szűz olívaolaj
1 medvehagyma vékony karikákra vágva
1 evőkanál bazsalikom levél, enyhén aprítva
1 teáskanál szegfűbors
3 oz vegyes zöldség
1 citrom

Utasítás

Készítsen vízfürdőt, és helyezze bele a Sous Vide-t. 128F-ra állítva.

Helyezze a lazacot, és ízesítse sóval, borssal egy visszazárható zacskóba. Hozzáadjuk a medvehagyma karikákat, az olívaolajat, a szegfűborsot és a bazsalikomot. Engedje ki a levegőt a víz kinyomásával, zárja le és merítse vízfürdőbe a zacskót. 25 percig főzzük.

Az időzítő leállása után vegye ki a zacskót, és tegye át a lazacot egy tányérra. Keverjük össze a főzőlevet egy kevés citromlével, és tegyük rá a lazacfilét. Szolgál.

Sózott homárfarok vajjal

Elkészítés + főzési idő: 1 óra 10 perc | Adagok: 2

Hozzávalók

8 evőkanál vaj
2 homár farok, héj nélkül
2 szál friss tárkony
2 evőkanál zsálya
Sózzuk ízlés szerint
citrom szeleteket

Utasítás

Készítsen vízfürdőt, és helyezze bele a Sous Vide-t. 134F-ra állítva.

Tegye a homár farkát, a vajat, a sót, a zsályát és a tárkonyt egy vákuummal lezárható zacskóba. Engedje ki a levegőt a víz kinyomásával, zárja le és merítse vízfürdőbe a zacskót. 60 percig főzzük.

Az időzítő leállása után vegye ki a zacskót, és tegye át a homárt egy tányérra. A tetejére vajat szórunk. Citrom szeletekkel díszítjük.

Thai lazac karfiollal és tojásos tésztával

Elkészítés + főzési idő: 55 perc | Adagok: 2

Hozzávalók

2 lazac filé bőrrel
Só és fekete bors ízlés szerint
1 evőkanál olívaolaj
4½ evőkanál szójaszósz
2 evőkanál őrölt friss gyömbér
2 vékonyra szeletelt thai chili
6 evőkanál szezámolaj
4 oz elkészített tojásos tészta
6 oz főtt karfiol rózsa
5 teáskanál szezámmag

Utasítás

Készítsen vízfürdőt, és helyezze bele a Sous Vide-t. Állítsuk 149 F-ra. Készítsünk elő egy alufóliával bélelt tepsit, és helyezzük rá a lazacot, sózzuk, borsozzuk, majd fedjük le egy másik alufóliával. 30 percig sütjük a sütőben.

A megsült lazacot vákuummal zárható zacskóba szedjük. Engedje ki a levegőt a víz kinyomásával, zárja le és merítse vízfürdőbe a zacskót. 8 percig főzzük.

Egy tálban keverjünk össze gyömbért, chilit, 4 evőkanál szójaszószt és 4 evőkanál szezámolajat. Ha az időzítő leáll, vegye ki a zacskót, és tegye át a lazacot a tésztás tálba. Díszítsük pirított magvakkal és lazachéjjal. Meglocsoljuk gyömbér- és chiliszósszal, és tálaljuk.

Könnyű tengeri sügér kaporral

Elkészítés + főzési idő: 35 perc | Adagok: 3

Hozzávalók

1 font chilei tengeri sügér, bőr nélkül
1 evőkanál olívaolaj
Só és fekete bors ízlés szerint
1 evőkanál kapor

Utasítás

Készítsen vízfürdőt, és helyezze bele a Sous Vide-t. Állítsa 134 F-ra. Ízesítse a tengeri sügért sóval és borssal, és helyezze egy vákuummal lezárható zacskóba. Adjunk hozzá kaprot és olívaolajat. Engedje ki a levegőt a víz kinyomásával, zárja le és merítse vízfürdőbe a zacskót. 30 percig főzzük. Az időzítő leállása után vegye ki a zacskót, és tegye át a tengeri sügért egy tányérra.

Édes chilis garnélarák keverve sütve

Elkészítés + főzési idő: 40 perc | Adagok: 6

Hozzávalók

1½ kiló garnélarák
3 szárított piros chili
1 evőkanál reszelt gyömbér
6 gerezd zúzott fokhagyma
2 evőkanál pezsgő
1 evőkanál szójaszósz
2 teáskanál cukor
½ teáskanál kukoricakeményítő
3 zöldhagyma, apróra vágva

Utasítás

Készítsen vízfürdőt, és helyezze bele a Sous Vide-t. 135F-re állítva.

Keverje össze a gyömbért, a fokhagymagerezdeket, a chilit, a pezsgőt, a cukrot, a szójaszószt és a kukoricakeményítőt. Helyezze a meghámozott garnélarákot a keverékkel egy visszazárható zacskóba. Engedje ki a levegőt a víz kinyomásával, zárja le és merítse vízfürdőbe. 30 percig főzzük.

Helyezze a zöldhagymát egy serpenyőbe közepes lángon. Adjunk hozzá olajat és főzzük 20 másodpercig. Az időzítő leállása után távolítsa el a főtt garnélarákot, és tegye át egy tálba. Díszítsük hagymával. Rizzsel tálaljuk.

Gyümölcsös thai garnélarák

Elkészítés + főzési idő: 25 perc | Adagok: 4

Hozzávalók

2 kilogramm garnélarák, meghámozva és megtisztítva
4 db hámozott és apróra vágott papaya
2 medvehagyma, szeletelve
¾ csésze koktélparadicsom félbevágva
2 evőkanál apróra vágott bazsalikom
¼ csésze szárazon pörkölt földimogyoró serpenyőben

Thai öltözködés

¼ csésze limelé
6 evőkanál cukor
5 evőkanál halszósz
4 gerezd fokhagyma
4 kis piros chili

Utasítás

Készítsen vízfürdőt, és helyezze bele a Sous Vide-t. Állítsa 135 F-ra. Helyezze a garnélarákot egy vákuummal lezárható zacskóba. Engedje ki a levegőt a víz kinyomásával, zárja le és merítse vízfürdőbe a zacskót. 15 percig főzzük. Egy tálban jól összekeverjük a lime levét, a halszószt és a cukrot. Törjük össze a fokhagymát és a chilit. Adjuk hozzá az öntet keverékhez.

Az időzítő leállása után vegye ki a garnélarákot a zacskóból, és tegye át egy tálba. Adjunk hozzá papayát, thai bazsalikomot, mogyoróhagymát, paradicsomot és földimogyoróit. Máz öntettel.

Dublini étel citromos garnélával

Elkészítés + főzési idő: 1 óra 15 perc | Adagok: 4

Hozzávalók

4 evőkanál vaj
2 evőkanál limelé
2 gerezd friss fokhagyma apróra vágva
1 teáskanál friss lime héja
Só és fekete bors ízlés szerint
1 font jumbo garnélarák, meghámozva és kifőzve
½ csésze panko zsemlemorzsa
1 evőkanál friss petrezselyem, darálva

Utasítás

Készítsen vízfürdőt, és helyezze bele a Sous Vide-t. 135F-re állítva.

Egy serpenyőben közepes lángon hevíts fel 3 evőkanál vajat, és add hozzá a lime levét, sót, borsot, fokhagymát és héját. 5 percig hűlni hagyjuk. Helyezze a garnélarákot és a keveréket egy vákuummal lezárható zacskóba. Engedje ki a levegőt a víz kinyomásával, zárja le és merítse vízfürdőbe a zacskót. 30 percig főzzük.

Közben egy serpenyőben közepes lángon hevítsük fel a vajat, és pirítsuk meg a panko zsemlemorzsát. Ha az időzítő leáll, távolítsa el a garnélarákot, tegye át egy forró edénybe, és főzze meg a főzőlével. 4 levesestálba tálaljuk és megszórjuk zsemlemorzsával.

Lédús kagyló chilis és fokhagymás szósszal

Elkészítés + főzési idő: 75 perc | Adagok: 2

Hozzávalók

2 evőkanál sárga curry por

1 evőkanál paradicsompüré

½ csésze kókuszkrém

1 teáskanál chilis és fokhagymás szósz

1 evőkanál citromlé

6 Jákob sapkája

Főtt barna rizs, tálaláshoz

Friss koriander, apróra vágva

Utasítás

Készítsen vízfürdőt, és helyezze bele a Sous Vide-t. 134F-ra állítva.

Keverjük össze a kókuszkrémet, a paradicsompürét, a curryport, a lime levét és a chilis fokhagymás szószt. Tegye a keveréket a kagylóval egy vákuummal lezárható zacskóba. Engedje ki a levegőt a víz kinyomásával, zárja le és merítse vízfürdőbe a zacskót. 60 percig főzzük.

Az időzítő leállása után vegye ki a zacskót, és tegye át egy tányérra. Tálaljuk a barna rizst, és tegyük a tetejére kagylót. Díszítsük korianderrel.

Curry garnélarák tésztával

Elkészítés + főzési idő: 25 perc | Adagok: 2

Hozzávalók

1 kiló garnélarák, farokkal
8 oz cérnametélt, megfőzve és lecsöpögtetve
1 teáskanál rizsbor
1 teáskanál curry por
1 evőkanál szójaszósz
1 újhagyma, szeletelve
2 evőkanál növényi olaj

Utasítás

Készítsen vízfürdőt, és helyezze bele a Sous Vide-t. Állítsa 149 F-ra. Helyezze a garnélarákot egy vákuummal lezárható zacskóba. Engedje ki a levegőt a víz kinyomásával, zárja le és merítse vízfürdőbe a zacskót. 15 percig főzzük.

Egy serpenyőben közepes lángon felhevítjük az olajat, majd hozzáadjuk a rizsbort, a curryport és a szójaszószt. Jól összekeverjük és összedolgozzuk a tésztát. Az időzítő leállása után távolítsa el a garnélarákot, és tegye át a tésztás keverékbe. Díszítsük zöldhagymával.

Fűszeres krémes tőkehal petrezselyemmel

Elkészítés + főzési idő: 40 perc | Adagok: 6

Hozzávalók

A tőkehalhoz

6 tőkehal filé

Sózzuk ízlés szerint

1 evőkanál olívaolaj

3 szál friss petrezselyem

A szószhoz

1 csésze fehérbor

1 csésze fél és fél tejszín

1 finomra vágott fokhagyma

2 evőkanál apróra vágott kaprot

2 teáskanál fekete bors

Utasítás

Készítsen vízfürdőt, és helyezze bele a Sous Vide-t. 148F-ra állítva.

A sóval fűszerezett tőkehalfilét vákuummal lezárható zacskókba helyezzük. Adjunk hozzá olívaolajat és petrezselymet. Engedje ki a levegőt a víz kinyomásával, zárja le és merítse vízfürdőbe a zacskót. 30 percig főzzük.

Melegíts fel egy edényt közepes lángon, add hozzá a bort, a hagymát, a szemes fekete borsot, és főzd puhára. A tejszínt fele-fele arányban addig keverjük, amíg besűrűsödik. Az időzítő leállása után tegyük a halat egy tányérra, és öntsük le a szósszal.

Francia Pot de Rillettes lazaccal

Elkészítés + főzési idő: 2 óra 30 perc | Adagok: 2

Hozzávalók

½ kiló bőr nélküli lazacfilé
1 teáskanál tengeri só
6 evőkanál vaj
1 hagyma apróra vágva
1 gerezd fokhagyma, felaprítva
1 evőkanál lime lé

Utasítás

Készítsen vízfürdőt, és helyezze bele a Sous Vide-t. Állítsa 130 F-ra. Helyezze a lazacot, a sótlan vajat, a tengeri sót, a fokhagymagerezdeket, a hagymát és a citromlevet egy visszazárható zacskóba. Engedje ki a levegőt a víz kinyomásával, zárja le és merítse vízfürdőbe a zacskót. 20 percig főzzük.

Az időzítő leállása után távolítsa el a lazacot, és tegye át 8 kis tálba. Ízesítjük főzőlével. Hűtőben 2 órát hűlni hagyjuk. Pirított kenyérszeletekkel tálaljuk.

Zsályás lazac kókuszos burgonyapürével

Elkészítés + főzési idő: 1 óra 30 perc | Adagok: 2

Hozzávalók

2 lazac filé, bőrrel

2 evőkanál olívaolaj

2 ág zsálya

4 gerezd fokhagyma

3 burgonya, meghámozva és apróra vágva

¼ csésze kókusztej

1 csokor szivárványos mángold

1 evőkanál reszelt gyömbér

1 evőkanál szójaszósz

Tengeri só ízlés szerint

Utasítás

Készítsen vízfürdőt, és helyezze bele a Sous Vide-t. Állítsa 122 F-ra. Helyezze a lazacot, a zsályát, a fokhagymát és az olívaolajat egy vákuummal lezárható zacskóba. Engedje ki a levegőt a víz kinyomásával, zárja le és merítse vízfürdőbe a zacskót. 1 órán át főzzük.

Melegítsük elő a sütőt 375 F-ra. Kenjük meg a burgonyát olajjal, és süssük 45 percig. Tegye át a burgonyát turmixgépbe, és adjon hozzá kókusztejet. Sózzuk és borsozzuk. 3 percig turmixoljuk, amíg sima nem lesz.

Egy serpenyőben közepes lángon hevítsük fel az olívaolajat, és pirítsuk meg benne a gyömbért, a mángoldot és a szójaszószt.

Miután az időzítő leállt, távolítsa el a lazacot, és tegye át a forró serpenyőbe. 2 percig pirítjuk. Tegyük egy tányérra, tegyük bele a burgonyapürét, és tegyük rá a megpirított tésztát a tálaláshoz.

Kapros bébipolip tál

Elkészítés + főzési idő: 60 perc | Adagok: 4

Hozzávalók

1 kilós fiatal polip
1 evőkanál olívaolaj
1 evőkanál frissen facsart citromlé
Só és fekete bors ízlés szerint
1 evőkanál kapor

Utasítás

Készítsen vízfürdőt, és helyezze bele a Sous Vide-t. Állítsa 134 F-ra. Helyezze a polipot egy vákuummal lezárható zacskóba. Engedje ki a levegőt a víz kinyomásával, zárja le és merítse vízfürdőbe a zacskót. 50 percig főzzük. Az időzítő leállása után távolítsa el a polipot, és törölje szárazra. Keverjük össze a polipot egy kevés olívaolajjal és citromlével. Sóval, borssal és kaporral ízesítjük.

Sós lazac hollandi szószban

Elkészítés + főzési idő: 1 óra 50 perc | Adagok: 4

énösszetevőket

4 lazac filé
Sózzuk ízlés szerint

hollandi szósz

4 evőkanál vaj
1 tojássárgája
1 teáskanál citromlé
1 teáskanál vizet
½ medvehagyma kockákra vágva
Egy csipet paprika

Utasítás

Sózzuk a lazacot. 30 percig hűlni hagyjuk. Készítsen vízfürdőt, és helyezze bele a Sous Vide-t. Állítsa 148 F-ra. Helyezze a szósz összes hozzávalóját egy vákuummal lezárható zacskóba. Engedje ki a levegőt a víz kinyomásával, zárja le és merítse vízfürdőbe a zacskót. 45 percig főzzük.

Az időzítő leállása után vegye ki a zsákot. Félretesz, mellőz. Csökkentse a Sous Vide hőmérsékletét 120 F-ra, és helyezze a lazacot egy vákuummal lezárható zacskóba. Engedje ki a levegőt a víz kinyomásával, zárja le és merítse vízfürdőbe a zacskót. 30 percig főzzük. Tegye át a szószt egy turmixgépbe, és addig turmixolja, amíg világossárga nem lesz. Miután az időzítő leállt, távolítsa el a lazacot, és szárítsa meg. Mártással felöntve tálaljuk.

Csodálatos citromos bazsalikomos lazac

Elkészítés + főzési idő: 35 perc | Adagok: 4

Hozzávalók

2 kilogramm lazac
2 evőkanál olívaolaj
1 evőkanál apróra vágott bazsalikom
1 citrom héja
1 citrom leve
¼ teáskanál fokhagymapor
Tengeri só és fekete bors ízlés szerint

Utasítás

Készítsen vízfürdőt, és helyezze bele a Sous Vide-t. Állítsa 115 F-ra. Helyezze a lazacot egy vákuummal lezárható zacskóba. Engedje ki a levegőt a víz kinyomásával, zárja le és merítse vízfürdőbe a zacskót. 30 percig főzzük.

Közben egy tálban jól keverjük össze a borsot, a sót, a bazsalikomot, a citromlevet és a fokhagymaport, amíg emulgeálódik. Az időzítő leállása után vegye ki a lazacot, és tegye át egy tányérra. Mentse el a főzőlevet. Az olívaolajat serpenyőben erős lángon felforrósítjuk, és a fokhagymaszeleteket megdinszteljük. A fokhagymát hagyd félre. Helyezze a lazacot a serpenyőbe, és süsse 3 percig, amíg aranybarna nem lesz. Helyezzük a fokhagyma szeleteket a tányérra és a tetejére.

www.ingramcontent.com/pod-product-compliance
Lightning Source LLC
Chambersburg PA
CBHW070415120526
44590CB00014B/1409